禪的體驗
禪的開示。

聖嚴法師 著

自序

我不是禪師，也沒有準備做禪師，只是由於因緣的牽引，在一九七五年底到了美國之後，除了講說之外，有人希望我能教授一些修持的方法。在國內，所謂修行，大致不出乎持戒、持齋、持咒、念佛、讀誦經典及禮懺拜佛等，以求功德、求感應、求生西方為主旨。但在美國則多要求獲得親身體驗的實際利益，所以不是日本的禪，便是西藏的密，很少有人熱心於持戒及念佛。我本身於中國大陸的禪寺出家，卻以出生太晚，離開大陸之時，尚未具有住進名剎禪堂的資格；雖然直到我閉關六年出山為止，經常以打坐為日課，真正禪堂的生活規範，宴默與棒喝等的體驗，是在到日本留學之後。因此有人以為我所教授的是日本禪。

其實，我在美國所教，雖然名之為禪，既不是晚近中國禪林的模式，也不是現代日本禪宗的模式，我只是透過自己的經驗，將釋迦世尊以來的諸種鍛鍊身心的方法，加以層次化及合理化，使得有心學習的人，不論性別、年齡、教育程度，以及資稟的厚薄，均能獲得利益。經過四年的教學經驗，我這一套綜合性的修行方法，不但對於美國人有用，對中國人也一樣有用。可見人無分東西，法無分頓漸，根器無分利鈍，但看教的人和學的人是否用心而定。所以我在紐約自創禪中心，在臺灣北投的祖庭——文化館，也不斷地舉辦禪七。

我在國外教授佛教的修行方法，不能說是中國的禪，也不能說沒有中國禪的成分在內，基於調身、調息、調心的三原則，有用大、小乘共通的各種觀行法，有用內、外道通用的呼吸法，也用印度及中國的各種柔軟健身法。對於調心得力的人，便用中國禪宗參話頭的方法，以打破疑團，開佛知見。所以無論何人，只要真的有心學習，最高可以進入「無」的境界，其次可以得定，再次可得身心輕安，至少也能學會一套非常實用的健身方法。

但是，在此小冊之前，我僅寫過〈坐禪的功能〉及〈從小我到無我〉的兩篇文章，做為教授修行方法的輔助教材。本書則為將我授課的內容，做一個綱要性的介紹，讀者可從本書中明瞭佛教修行禪定方法的一個大概，至於進一步的修證工夫，當然不在文字，而在求得明師的指授之下的切實用功。

一九八〇年八月三十日於臺北市北投中華佛教文化館

目錄

第二篇 調琴

第三篇 禪

第四篇 禪七開示錄

第一篇

禪的體驗

不可思議的禪

很多人來向我學禪之前，總要問我好多問題。他們的理由是，在未上樓之前，先想知道樓上有些什麼東西，是不是值得他們登樓看看，樓上的景物是不是能夠引起他們的興趣。我則告訴他們，禪的內容，應該拿一個從未吃過芒果與曾經吃過芒果的人做比喻。你如未吃過芒果，無論怎樣將芒果的形狀、顏色與肉質風味向你形容和說明，真正芒果的味道，你還是不知道，一定要你親自嘗到之後才能知道。另有一個盲人問色的故事，說有一個生來就是雙眼失明的人，很想知道潔白的白色是怎樣的情形，有人告訴他說像白布和白紙一樣地白，又有人告訴他說像白鵝、白鴿一樣地白，又有人告訴他說像白雪、白粉一樣地白。結果把這個盲人弄糊塗了，他想潔白的白色應該是很單純的，為什麼大家把它說成那麼複雜的東西呢？原因是他從沒有見過白色，所以任你怎麼說，他還是不知道。

那麼對於尚未進入禪門的人而言，禪也是不可以語言文字說明的東西，你也別寄望靠著語言文字的說明來了解它。可是語言文字雖不能說明禪的內容，卻能引導或指示你如何地去親自體驗它，所以語言文字還是用得著的。故在一部叫作《碧巖錄》的書裡，記載禪宗一位祖師馬祖道一的話說：「因為說的人沒有什麼可說的，也不能給你看什麼，所以聽的人不可能聽到什麼，也不可能得到什麼。那麼，說的人既不能說出什麼也不能顯示什麼，倒不如不說的好。聽的人既然不可能聽到什麼，也不能得到什麼，倒不如不聽的好。可是現在你們這兒有許多人正在等著聽我演說，其實，說與不說，都是一樣的。請問你們之中已經開了悟的人：我說的究竟是什麼？」

像這樣的開示，是標準的禪師的態度，因為他們實在無法用語文來告訴你禪是什麼東西，所以稱為不可思議。正所謂：「如人飲水，冷暖自知。」必須要你自己體驗，才能知道禪是什麼。當然，我也不能用語文來滿足聽眾和讀者的期望。不過，我將在下篇文章中，告訴你有關禪的源流、方法、層次和體驗的現象。

禪的源流

一、古印度的禪

中國的禪與印度的禪有很大的差別，但是「禪」字語源來自印度的 dhyāna，意為 meditation，那是以修定為目標的一種方法，其原意，是用修行禪觀，比如注意呼吸的出入、長短、大小和引導等方法，達到心力集中和身體內外統一的境地。

在佛教之前，印度人已經有了用來做為人與神交通或相融相契的修行方法。印度的古宗教和由古宗教產生的各派哲學思想，便是經由禪的修持方法而得到的成果。禪的修行生活，被視為聖者所必經的過程。所以凡要切身體驗宗教生活，僅靠奉獻和祭祀是不夠的。一定要以全部生命過程中的某一個階段，做為到森林裡去全心修行禪的方法。解脫物欲塵累的煩惱，須靠禪的修行以產生智慧，一旦物欲塵累的煩惱豁然脫落之際，智慧自然顯現，即被尊為聖者。

古代印度的各派宗教，雖無不用禪的修行方法，似乎並沒有統一的層次說明，即使各派均有其修行禪定的歷程，但仍不是統一的，也不甚明確。只是依照各派創始人的個別體驗之不同，而所設的分界也不一致。到了佛教的始祖釋迦牟尼佛的時代，其初期的修行生活，也是走著與印度古宗教家們所曾走過的路相似。由於當時各派的修行方法，不能滿足釋迦世尊的要求，認為那些都是不究竟的、不圓滿的，那些禪定的功用，最多使人暫時超越煩惱，但當定力一失，仍會回復到物欲世間的煩惱之中，所以稱之為世間禪或外道禪。

二、瑜伽派的禪

大約與釋迦牟尼佛相近的時代，印度產生了一個新宗教，稱為瑜伽派，此派最初即是僅僅練習名為瑜伽的修行方法，後來引用了與數論派（The Sāṃkhya School）相同的哲學思想，立足於一神教的立場，崇拜唯一的神庫力新那（Krishna），但其實際方面的基本精神仍在於禪定的修行，所以此派乃為印度一切宗教之中，除了佛教之外，外道禪定思想的集大成者。其修行的規則和層次相當嚴密分明，現在根據《瑜伽經》（*Yoga Sūtra*）略予介紹如下：

（一）瑜伽行者的助行道

1. 持戒——不殺生、不妄語、不偷盜、不邪淫、不貪。
2. 助行法——清淨、知足、苦行、讀誦《瑜伽經》、皈依唯一的神。
3. 靜坐法——跏趺坐、半跏趺坐、兩足跟合置會陰處坐等。
4. 調息法——調整呼吸，由粗而細，由靜而止。
5. 制服五根法——制服眼等五種官能，不受色等感觸所動。
6. 制心法——將注意力分別集中於臍輪、心蓮、鼻端、舌端等處。
7. 禪定——心住於一境，沒有其餘虛妄雜念。
8. 三昧（samādhi）——心境合一，心不住念，亦不住境。

（二）瑜伽行者的正行道——正知見

1. 知苦惱可除，盡無所餘。
2. 斷苦惱的原因，滅無所遺。
3. 住於三昧，明見得解脫。
4. 能知解脫方法是正知見。

5.自性的真理已了解其任務。

6.三德皆脫落，如石自山上落下，不復再回到山上。

7.神我的真理，離三德的纏縛而自由獨存，無垢清淨。所謂三德是指：(1)薩埵（sattva），使心地光明、輕快、歡喜。(2)羅闍（rajas），使心活動、散亂、悲哀。(3)答摩（tamas），使心鈍重、無力、昏黑。

所以心的由染而淨要經五個層次：第一，散亂心，隨著外境心念紛飛。第二，昏沉心，癡鈍朦朧，陷於昏睡。第三，不定心，散亂多於安定。第四，一心，心能凝住於一境。第五，定心，心狀澄靜。後二者便是修行瑜伽所得的現象。

瑜伽行者當對樂者親切，對苦者憐憫，對善人殷勤，對惡人不介意。如是則心便常與清淨相應了。

瑜伽行者呼吸的氣息要長、要慢、要舒暢。氣留身外之時，身自輕鬆，心自不動。

瑜伽行者善用五官制心，而達到三昧的程度。心集中在鼻端即嗅得天香，心集中在舌端即感到天味，心集中在眉心即見天色，心集中在舌的中央，即感天觸，心集中在耳即聞天音。以上皆是驅除散亂昏沉，使心漸住於一境的方法。如將心集中在胸腹之間的蓮花部位，即見光明放射，如寶珠，或如日月星辰。如將心集中在自我，便會很容易進入廣大如海、無限與清淨的三昧了。

（三）《瑜伽經》的作者及內容

《瑜伽經》的著作者，名叫帕坦嘉利（Patañjali），他的年代尚無定說，大概是活躍在西元前三世紀到西元四世紀之間印度宗教界的一位大師。前面說過，瑜伽本為印度古宗教哲學的共同所有，到了數論派，將其哲學理論化，而成為智瑜伽（Jñānayoga），瑜伽派的帕坦嘉利將其實際修行，做體系化而成為事瑜伽（Karmayoga），他們的目的則同為達到將人的自性從煩惱的繫縛中脫離出來而回到神我去。他們雖然崇拜自在天神庫力新那，那卻不是他們最高的目的，僅是達到解脫的一種手段，故已帶有泛神論的色彩了。所謂神我，便是無欲清淨的自性的存在。也可以說，瑜伽派出於佛教之後，受了佛教無神論的影響，所以雖信唯一神，卻在信仰人格神的高境界時，便把自己淹沒在神性之中，而以神性當作各人的自性了。

《瑜伽經》分為四品：1.〈三昧品〉（Samādhi-Pāda），說明三昧的本質。2.〈成就品〉（Sādhana-Pāda），說明進入三昧的方法。3.〈功德品〉（Vibhūti-Pāda），說明由苦行及三昧而獲得神通。4.〈獨存品〉（Kaivalya-Pāda），說明靈魂離開物質的宇宙，還於神我，此也即是瑜伽行者的最高目的，亦即是他們所以為的解脫境界。

瑜伽行者，修持禪的一個特色，是除了調息及集中注意力於身體的某一部位之外，須口唱唵（oṁ）字訣，心念梵字的字形及其字義，則能消一切障礙，進入禪定。

瑜伽的三昧有二種：1.是集中精神於一定的目的物而發的三昧，杜絕一切外界的印象，僅存有內心的活動。2.是沒有任何一定的目的物，精神仍然集中而發的三昧，此連內心的活動也靜止了。

從上所見，印度的瑜伽，對於一般人而言，確已有了足夠的吸引力，所謂自我或神我（ātman）或梵淨（brahman）的程度，實際上已是擺脫了物欲煩惱而感到了輕安自在。但它仍有一個神我在，所以不是佛教的空。

三、印度佛教的禪

在印度，對於瑜伽的修行方法及其體驗的層次化、組織化、系統化最早的一個人，不是瑜伽學派的帕坦嘉利，乃是佛教的創始者釋迦牟尼世尊，帕坦嘉利雖在釋迦牟尼世尊之後，充其量只是將外道禪做了系統性的組織和專門性的闡揚，並未跳出有神論或神我的精神世界，只是從物質世界脫離出來，進入一個純精神的世界。佛陀則在學習了所有的禪定方法之後，認為那還是有（神）我的境域，並非絕對的自在解脫，尚有化入神我與神合一的感受，便不能稱為真的解脫，所以在將外道禪定層次化而為四禪八定之上，另加一級名為滅受想定（nirodhasamāpatti: a samādhi in which there is complete extinction of sensation and thought）才是真正的解脫。

在佛陀以前的印度古典之中，例如《奧義書》（*Upanishads*）早已講到修習禪定的方法，主張以調息、調身、調心以及口誦唵字進入禪定，在《婆羅門書》（*Brāhmanas*）及《奧義書》中也都說到，依六重的瑜伽而見梵神（brahman），即是利用氣息的調理、五官為心力集中的焦點、冥想、止、觀、無我（restraint of the breath, restraint of the senses, meditation, fixed attention, investigation, absorption; these are called the Sixfold Yoga）為達到解脫物欲煩惱的目的。但是到了釋迦牟尼世尊，才將諸派外道禪定，列起一個層次和系統來。此等記載散見於《阿含經》中，如《長阿含經》、《增一阿含經》等經，《俱舍論》、《大毘婆沙論》等論，現在依據〈禪法要解〉略為介紹如下：

（一）四禪（The Four Dhyāna Heavens）的心理與生理狀態

1. 初禪（The First Region）：以瑜伽的方法捨除貪、瞋、癡、慢、疑等五蓋（The five covers: mental and moral hindrances-desire, anger, drowsiness, excitability, doubt），以正念驅止色、聲、香、味、觸等五欲的擾亂，獲得一心，身心便會感到快樂、輕軟、光明照於身內、身外，此時瞋處不瞋，喜處不喜，世間的利益、損失、毀謗、美譽、稱頌、譏笑、痛苦、歡樂等八法，動不了他的心。此時因受妙樂，心大驚喜，自覺此乃夜以繼日，乃至終夜不眠，精進苦行，修習禪定所得的成就。但初禪的定境，尚有粗雜念的尋（vitarka）和細妄念的伺（vicāra）。尋伺亦名為覺觀。

2.第二禪（The Second Region）：上面所說的尋伺，又名覺觀（awareness and pondering），離欲界的五蓋與五欲，可入初禪，再離覺觀，內得清淨，言語因緣在此消滅，喜樂勝於初禪。但是，第二禪的禪定，仍有愛、慢、邪見、疑等煩惱覆蓋於心，破壞定心。

3.第三禪（The Third Region）：第二禪所得喜的感受，仍是粗樂，應該捨去了喜，更入深定，而得細樂。三禪之人身所受樂，樂過世間最上快樂。但在修習第三禪定時有三種現象必須經常注意：(1)心易轉微細轉沉沒，當此現象出現時，宜以精進的慧力，再使心起。(2)心大發動時，應予收攝抑止。(3)心生迷悶時應想念佛法勝妙，使心生喜。若把此三事調整順暢，即住於第三禪。初禪與二禪的喜，如熱極時清涼水，洗手洗面；三禪的樂，則如極熱之時，舉身浸浴於大涼池中。初禪有覺觀所以樂不遍身；二禪有大喜，樂也不能遍身；三禪已除前障，所以樂能遍身。

4.第四禪（The Fourth Region）：知道第三禪所得之樂，仍是無常，不可保守永恆的，所以進而更上一層。因為前面的初、二、三禪，雖有定心，仍有呼吸的出入，所以不易將心攝止，仍易起念頭。到第四禪時，呼吸已從細、長、緩慢而到了停止呼吸的程度，心念自然清淨。到了此一階段的禪者，慈、悲、喜、捨的四無量心（The four infinite virtues: giving living beings happiness, removing pain, enjoying the sight of those who have been freed from pain and have obtained happiness, abandoning attachment to the three virtues above mentioned and being impartial to all），隨意易得。觀身不淨、觀受是苦、觀心無常、觀法無我的四念處觀（The four types of meditation which eliminate false views: the body is impure, perception leads to suffering, the mind is impermanent, dharmas are nonsubstantial）修之則易。神足、天眼、天耳、宿命、他心乃至漏盡等六通（The six supernatural powers），求之易得。當然，第四禪也是進入四無色定（The four formless heavens）的轉捩點。

（二）四無色定（The Four Formless Heavens）的修行過程

生活在物欲世界的人，如不能擺脫物欲的誘惑和困惱，便不能入定。所以在前面所介紹的四個禪的定中，已經離欲，但他們仍有身體，乃至尚有呼吸，此身死後，則生於仍為微細物質構成的色界天，故稱為僅有色身而無物欲的色界。由第四禪更上一層，便進入純精神的所謂無色界天，共有四個階段，又稱為四空處（The four immaterial）。

1. 空無邊處（ākāśānantyāyatana: the heaven of boundless space）：眾生無不愛惜他們的身命，但是色身乃是眾苦之源，煩惱的根本，一切的罪惡，殺生、盜竊、行淫、妄語等，都是為了色身而引起；即使修成了禪定，乃至到了第四禪，出定之時依然有飢、寒、傷害、老、病等苦。如能進入無色定，便不再有色身之累了。因此在印度，在西藏，有些經過長期修行禪定的人，到某一種程度時，會志願捨離色身，入定之後，便脫化而去。不過，尚有色身的時候，也能修成無色定（formless dhyāna）的：先將心念觀想色身中的虛空，色身的細胞，如藕中空，此空漸漸擴大，最後便只見虛空不見色身；色身空了，色身所處的環境也空，再無物質世界的感受，只是一片無量無邊的虛空，此時的感受，猶如一向被關在籠中的鳥，一旦破籠而出，翱翔於浩瀚無涯的空中，無拘無束。

2. 識無邊處（vijñānānantyāyatana: the heaven of boundless consciousness）：再進一步，由觀虛空轉為觀想意識，漸漸發現意識的現象，是存在於過去、現在、未來的相續不斷之間，如流水、如燈焰，綿綿相繼，由現在向過去推延或向未來延展下去，也是無量無邊。可見，空無邊處是體驗到空間的無限廣大，識無邊處是體驗到時間的無窮深遠。

3. 無所有處（ākiñcanyāyatana: the heaven of nonexistence）：再離虛幻的意識，觀想諸法空無所有。此與空無邊處不同者，前者以虛空為所觀境，此則不以任何東西為所緣。此與佛法所講的空，亦頗有不同，此以無所有的觀念為所緣境，佛法則為破除執著而說空，不以為實有一個「無所有」的東西。

4. 非有想非無想處（naivasaṃjñānāsaṃjñāyatana: the state of neither thinking nor not thinking）：修行者一旦發覺，凡是可用意識思想的，都不是究竟的，便再往上一步，捨棄一切可緣的思想意念，達到世間禪定的最高境界；但他們仍住於「非有想」的微細意念上，念頭雖不動，感受依然存在，故名「非無想」。

因此，四禪與四空處，加起來合稱為八定（eight samādhi），從修行的歷程上看，完成此八個階段，的確不易；但其縱然修到第八階段，仍未脫離三界的生死範圍，當定力退失時，仍舊跟普通的眾生完全一樣。因為他們依舊在有漏有為有我的五蘊法中。五蘊與三界的關係如下：

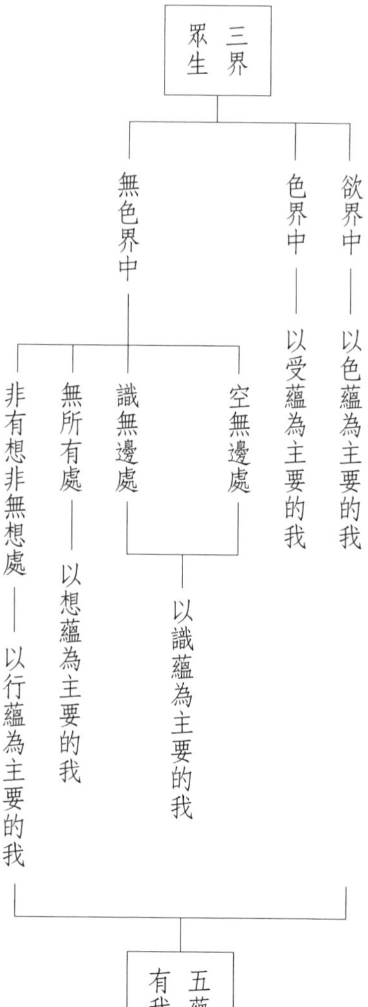

（三）滅受想定（Nirodhasamāpatti: absorption of cessation）

要想入定，必須修行，當你進入定境之後，如果貪著定中的喜樂，繼續不斷地享受下去的話，便無法進入再上一層的境域。所以，由得初禪後再從初禪的定中起來，始能進入第二禪，次第進入第八階段，均得如乘火箭，一直往前之時，也在節節揚棄。釋迦世尊發現外道禪尚無一種禪定是真能徹底解脫煩惱的，所以另在第八階段之上，再加一階，稱為滅受想定，也就是滅卻微細的心意感受，五

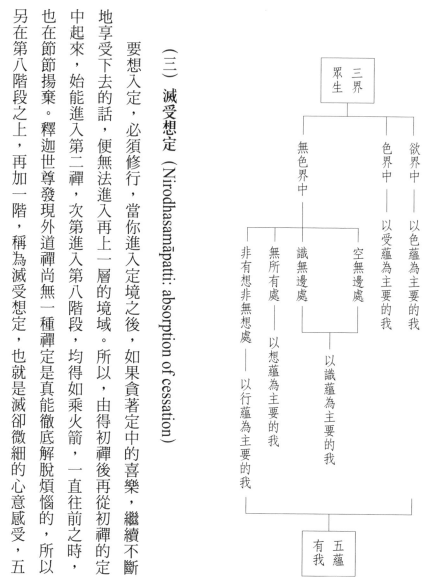

蘊中的行蘊之後，便進入空或真正無我的境界。此定著眼於心理活動的空去，不在於色身的有無；事實上，若在人間修成此定，身體依然存在。四禪八定，雖稱有四種色界天及四種無色界天，如果未捨人間欲界的色身之前，色身雖然仍在欲界的人間，他的精神領域，則已在色界天或無色界天了。不過那是指正在入定的狀態下，出定之後，如果仍能始終保持定中的心境，那就不是簡單的事了；所以，修定而得定的人，大致上會偏於厭離塵世，喜住深山野外，人事不干擾處。

禪的入門方法

中國禪宗的修行方法，是頓超直入的，不假次第的，不像印度的瑜伽及印度的大、小乘佛教，均極注重修行方法的次第或步驟。尤其印度晚期的大乘密教，特別重視修行方法的傳授，而且愈修愈繁複。事實上大乘密教的方法，大致與其他印度宗教所用的瑜伽法門，有很多雷同之處，精彩處是能以佛法的空智，化解了外道宗教的最高執著的神及神我，使一切方法皆成為成佛之法，導歸佛法的大海。可是，密宗的修持方法，基本的，固然人人可得而修，愈向上乘，儀軌的學習與行持，便愈難，所以不是人人有時間和因緣去修持的。中國的禪宗，乃以「無門為門」，以沒有方法為最高的方法，這對於根機深厚的人，或者以終其一生的時間來修行的人，只要能把自我中心的意識，漸漸化去之後，禪門自然會在他的面前大開。可是，對於絕對多數的人，只能站在禪門之外，揣摩禪境，或者僅能欣賞到禪者們自在灑脫的風格，卻無從身歷其境地來體驗一番了。因此，中國的禪宗，後來被視為只有年輕利根的人才能修習。其實，修行的方法，無一門不是以禪定為基礎的，也可以說，除了禪定之外，便沒有修行的方法。所以，無論佛教或其他宗教，禪定是唯一的修行方法。因此，凡是主張以修行來達到精神和肉體之改造的，不論它是叫作什麼，我們都應該將之列入禪的領域，層次雖各不同，基礎是大同而小異的。

我是出身於中國禪宗寺院的僧侶，但我並不以為唯有禪宗的子孫才修行禪的方法，事實上在禪宗寺院出家的僧侶，也未必有多少人摸索到了他們主要而適當的修行方法。因此，中國的禪，雖以無門為門，我仍希望先讓有心於修行的人們，從有門可進的基礎方法學起，修學了一段時日，或者能夠把心安穩下來之後，再教他們去尋找無門之門。若能先用修學禪定的方法，把心安穩下來，然後學不學中國禪宗的禪，無關宏旨；是不是稱它為禪，也無關緊要。要緊的是在於能不能找到適合你並且是有效的修行方法。

禪的修行方法，原則上不出乎調身、調息、調心的三要素，目的在於調理身心，關鍵則不能離開氣息而談身心的健康和統一。以下，我們便就這三要素，來談修行禪定的基本方法。

一、調身

一般所講調身的主要方法，是指打坐的坐姿。可是，除了坐姿之外，應該尚有行走、站立、躺臥等方法；在坐前與坐後，也當有運動及按摩的方法；乃至吃飯、解大小便，均宜有其方法。因為，我們的身心，若要它健康，必須動與靜並重兼顧，所謂動中取靜，又所謂靜中之動。前者即是以運動及按摩的方法，使得血液循環通暢、氣脈運行活潑、肌肉和神經鬆弛，才能使得身體舒適，即所謂氣和而後心平。此所以印度的禪者，有瑜伽體操，中國佛教的禪者，有少林寺的拳法，道家丹道派的運動方法，尤其繁多，後來則演為太極拳。實際上，東方人的各種運動方法，大多與坐禪有連帶關係，並且是為了坐禪的需要而有運動的方法，甚至運動的方法最初也是由禪者於修行之際，身體自然發生規律的柔軟的運動動作而來，正像後世中國醫術中的針灸原理所依的身體的經脈和穴道部位，最初也是從靜坐運氣之中發現的一樣。現在許多人，將運動的拳法及針灸，與修行禪定分了家，這是不對的。

身體缺少運動，機能便易於老化和感染病痛，運動是使生理機能，由緊張以後的鬆弛，能夠得到更多的營養補給及休息的機會。禪者的運動方法，講求心念集中、氣息和順，絕非後來演為技擊的拳術可比；禪者的運動，本身就是修行禪定的方法。所以，我對調身的方法，是運動與打坐並重的。

二、運動的方法

我所教的運動方法，做的時候，都只需兩公尺見方或一個人身的長度，乃至僅能容身坐下及起立的一小塊空間，就夠了，而且不論男女老少，健壯衰弱，都可以安全地練習。但是為了學習的進度，我把它們分作幾個階段：

（一）初級

也就是開始修習坐禪方法的同時，便教學生練習。

1. 頭部運動——此在打坐以前，坐下之後使用。先將兩手平置於左右兩膝，勿用力，身體坐正，再做頭部運動的四個方式：(1)頭向下低，再往後仰。(2)頭向右傾，再往左傾。(3)頭向右後轉，再向左後轉。(4)頭順著時針方向，前、右、仰、左轉，再逆著時針方向，前、左、仰、右轉。每式身體不動，肌肉和神經放鬆，各做三到七次。動作緩慢柔軟，眼睛睜開，呼吸自然。頭部運動的目的，在使頭部血液減少，降低思潮起伏的動力，使頭腦清新，漸漸寧靜。

2.全身按摩——在打坐以後，站起之前，搓熱兩掌，先用拇指背輕輕按摩雙眼，依次用雙掌按摩面部、額部、後頸、雙肩、兩臂，乃至手背、胸部、腹部、背部、腰部，再下至右面的大腿、膝蓋、小腿，左面的大腿、膝蓋、小腿。此一自我按摩的運動法，能使因初學坐禪而感到的疲勞，完全消除，身心感到柔和溫暖與舒暢。唯其在按摩時，必須將注意力集中於掌心或指頭。

3.瑜伽柔軟運動——此略。

4.走的方法——坐禪久了，腿子感到不習慣時，不妨用走的方法來調攝身心。(1)快走，中國禪堂稱為跑香，順著時針方向，在禪堂內，左臂甩、右臂擺，老弱者走內圈，健壯者走外圈，愈走愈快。此時修行者的心中，除了走得更快的感受之外，不應有任何念頭。(2)慢走，佛教的名詞稱為經行。我教的是極慢經行，注意力集中在前腳掌心，右手輕握拳，左手輕抱右拳，提舉於腹前，離肌膚一指節。如果會用心的話，快走慢走，都能使你失心入定。

5.站的方法——兩腳分開約等於自己一隻腳的距離，將上身由頭至小腹鬆弛、變輕，讓重心和重量的感覺落到兩腳的前掌。

6.臥的方法——(1)右側臥是最好的方法，所以名為吉祥臥，它能使你少夢、熟睡、清醒、不打鼾、消化良好、不遺精。(2)仰面臥，宜用於短暫的休息，把全身肌肉放鬆，不用一絲力量，即能很快地消除疲倦；如果用在終夜的長睡，這就不是最好的方法。

7.日常生活的方法——禪宗常講：吃飯、洗碗、屙屎、撒尿、擔水、砍柴等日常事，無一不是禪，涵義極深，非真得悟境者不易明白。在起初學禪的人，若能在做任何事的任何情況，都能心無二用，不起雜念的把注意力集中的話，雖不能即入禪定，也可使你的工作效率提高，生活得充實和穩定了。

(二) 中級及高級

坐禪的訓練，與運動的方法，既有連帶關係，訓練愈久，運動的方法也隨著增加其項目。因為本文僅供參考，不是用作教材的，提供了初級的方法，對於從未學過的讀者，不妨練習，一定有用，但也未必能練得很好，因為動作姿勢的正確度無人從旁給你指導的緣故。中級和高級的運動方法，有站的、有坐的，也有躺臥及倒立的等等。當然，禪者的運動，以緩慢、柔軟、安定、安全為原則。

三、坐禪的姿勢

坐禪的姿勢，是印度古修行者所發現的，傳說是古仙人在經過無數的困難，修道仍不得道，後來發現雪山深處的一群猴子，正在用坐禪的方法修道，古仙人模仿著坐了之後，便成道了。以常情而論，猴子不會坐禪，其他的動物，也沒有坐禪的體形條件，動物之中，唯有人類才有坐禪的條件，那個傳說，只是在無法從歷史記載中找到根源的印度人，所講的涵義深長的故事。意謂雖然心的輕舉妄動而如猴子，也有坐禪的必要和可能。那種坐法名叫毘羅遮那的七支坐法。

(一) 七支坐法

1. 雙足跏趺——此有二式：(1)通途是以左腳在下，右腳置於左大腿上，再將左腳置於右大腿上，稱為如意吉祥坐。(2)或將右腳在下，左腳置於右大腿上，再將右腳置於左大腿上，稱為不動金剛坐。這兩種坐法，對於年長的人及初學坐禪的人，並非人人能夠做到。

2.背脊豎直——挺起腰幹，勿挺胸部，頭頂向天垂直，下顎裡收，頷壓喉結。

3.手結法界定印——兩手圈結，右手在下，左手在上，兩拇指相結成圓圈形，輕輕平置於丹田下的髖部。

4.放鬆兩肩——將兩肩肌肉放鬆，自覺如無肩無臂無手的狀態。

5.舌尖微抵上顎——門牙上齦的唾腺處，不可用力，若有口水則緩慢嚥下肚去。

6.閉口——無論何時，只用鼻息，不可張口呼吸，除了有病在鼻。

7.眼微張——視線投置於身前二、三尺處的地上的一點，不是要看什麼，只因睜大眼睛時，心容易散亂，閉起眼睛時，心容易昏沉。如果睜眼過久，覺得勞倦時，不妨閉一會兒。

對於七支坐法的次序和內容，各家的看法也不盡相同，有的人將調息及調心的方法，也合在七支之內，本文則為了便於分類介紹，故僅將調身的部分做為七支的內容。

（二）其他坐法

由於初學坐禪的人，不一定能夠跏趺坐，對於從未學過打坐的人，一開始便要求雙腿結跏趺坐，也是不合理的，甚至也會因此而把許多希望嘗試打坐的人，阻嚇在修道的大門之外。現在我給初學的人，介紹由難而易的其他幾種坐法如次：

1.半跏坐——不能盤雙腿的人，或者雙腿盤久了，覺得疼痛難忍之際，不妨把上面的一隻腳鬆開，置於另一隻小腿的下面。或者一開始僅將一隻腳，置於另一邊的大腿上。左腳在右小腿之下，或右腳在左小腿之下，均可。

2.交腳坐——兩腳均置於地，向內向後收，結果，兩腳掌向上，置於兩小腿乃至兩大腿之下。

3.跨鶴坐——又名為日本坐，因為迄今的日本人，在日式的室內的正式坐姿，仍是用這種方式。即是雙膝跪下，兩腳的大拇指上下交疊，將臀部坐落在兩腳跟上。此種坐法，在中國古代未用高椅、高桌之時，普通人在正式場合，也是如此坐。

4.天神坐——左腳坐如半跏式，曲向內，置於身前。另一腳，曲向外，置於身後側。迄今南傳上座部佛教徒，席地聞法時多用此式，乃至坐禪時的初步坐法，也用此式。

5.如意自在坐——此式係模仿佛陀八相成道，自兜率天下降人間之前的坐姿，左腳坐如半跏式，曲向內，腳跟置於會陰前，右腳垂立、曲膝置於右胸側，左右兩手平覆分置於左右兩膝。

6.正襟危坐——以上各種坐法，均係席地而坐，此式則坐於與膝同高的椅子上或板凳上，兩腳平放於地，兩小腿垂直，兩膝間容一拳的距離，背不可依靠任何東西，僅臀部坐實，大腿宜懸空，與小腿成一直角。

以上六種，除了坐姿不同及如意自在坐的手姿不同之外，其他均用七支坐法的第二至第七項規定的標準。當然，功效最大最快而且能夠經久穩固的坐姿，仍以最難的跏趺坐，最為可靠。因此，初學的人，盡可用你覺得最舒適的坐法，以不讓自己產生畏懼心為原則，漸漸地試著用較難的坐法，是有益無損的。

四、調息和調心

氣息和順舒暢，心境才能平靜安穩。心情與呼吸的關係是極為密切的，並且，要想調心，必先從調息入手，不論管它叫什麼名字，中國的道家、印度的瑜伽、西藏的密宗、中國的天台宗等，講到修行禪定的次第，必定重視呼吸與氣的問題。因為人體生理的動靜以及心理的動靜，與呼吸的氣和息，有著依存關係。就原則的定義而言，「呼吸」，是指普通人每分鐘十六到十八次的出入息。修行者的呼吸在漸漸地緩慢深長微細之時，稱為「息」。由於息的力量，推動血液製造能源，由能源產生賦活生理機能的作用，稱為「氣」。當修行者感受到由氣所產生的作用時，稱為「覺受」，有了覺受經驗的人，便會覺得坐禪對於他們，確是人生的一大幸福和恩惠了。

(二) 呼吸的方式

呼吸的方式，大致上可分成四類：

1. 風——在激烈的運動之時，或者剛剛做完激烈的運動，如打籃球、踢足球等時，呼吸的速度及強度如颳風，均不宜打坐。

2. 喘——在感到恐懼、緊張、病痛、虛弱、興奮、疲倦之時，必定情緒低落，心神昏暗，也不宜打坐，要躺下或坐下休息而至平靜舒暢之後，始可打坐。

3.氣——是指普通人的平常呼吸，每分鐘十六至十八次呼吸，而自己可以聽到呼吸聲。此為初心打坐者最低的要求，也是安全的呼吸的速度。

4.息——此又可分為四等：

(1)鼻息：打坐時用鼻孔呼吸，是基本的方法，最初的速度也是每分鐘十六至十八次。與氣不同者，是聽不到呼吸聲，呼吸是平常的速度，所以吸氣及呼氣，主要是靠肺的自然的律動，不得以注意來控制它，否則速度快了，會頭暈，慢了會胸悶。如發覺呼吸有困難，例如頭暈或胸悶之時，當注意調息，宜以四秒鐘左右做為一呼一吸的時間長度，最有效。

(2)腹息：仍用鼻孔呼吸，但其呼吸的重心不在肺部，而在小腹部了，初學時不宜勉強用控制及壓氣的方法，把吸入的空氣逼入丹田（小腹部）。通常學打坐的人，經過一段時日之後，呼吸氣必然自動地通過橫膈膜而到達丹田，那時，修行者的身心，會突然感到輕鬆舒軟起來，呼吸也愈來愈慢，愈來愈長，愈來愈深，愈來愈充足，不僅感到肺部充足，丹田充足，乃至全身的每一個細胞，都感到充足。漸漸地呼吸的自然律動，不在肺部，而在小腹了。但那不是把小腹隆起，而是以小腹取代了肺部的功能。

(3)胎息：胎兒在母胎內時，不用鼻孔呼吸，是以與母體相連的循環系統來呼吸。修行禪定的人，由於腹息的更進一步，便不用鼻孔呼吸，每一個毛孔，都可能成為呼吸器官。此時脈搏，若有若無，但其仍須仰賴體外的氧氣來補給身體的所需。此時以大宇宙做母胎，自己的身體即是胎胞中的嬰兒。

(4)龜息：動物之中，有的烏龜，壽命極長，甚至將其埋入地下數百年，無飲食，無空氣，也能繼續活下去。打坐而至第四禪的程度，自然不需呼吸空氣，甚至心臟也停止跳動，不同於已死的屍體之處，乃在於不腐臭爛壞，其生理組織仍是活著的人。

此便介於胎息與龜息之間，定力愈深，則愈近於龜息，乃至全住於龜息的狀態。此時，修行者的身體，已自行形成了一個個別的小宇宙，以其體內的氣或能的運行，自給自足，不必再從體外吸取氧氣來供給體能的消耗了。

當然，初學打坐的人，不可好高鶩遠，操之過急，應該先把鼻息練好，再能到達腹息，已不錯了。

（二）調息的方法

調息的方法，在中國的道家，稱為「吐納」，納天地日月之氣以養生，吐身內的混濁之氣以保命，乃是修練丹道的方法。印度的瑜伽行者，特別重視各種呼吸法的鍛鍊，且以生命能之產生與超常能或絕對能（與神合一的自然大能）的引發，就是要用呼吸的方法做為重點的訓練。佛教修行的起點，與外道無多差別，所不同的是，調息是入門方便，並不以調息為根本法門。調息的目的，在於調心，心既調伏之時，有沒有呼吸的方法，便無關緊要了。

我所教的調息法有兩類：

1. 數息——在數息之前，先做深呼吸三次，深呼吸時，將兩手置於小腹，先用鼻吸第一口氣，引入小腹，使小腹隆起，再收小腹，繼續吸氣，使肺部隆起，肩微聳，盡量吸入，然後閉氣十五秒鐘，才慢慢地把氣用口吐出，同時身子下彎至不能彎時為止。三次深呼吸後，把姿勢坐穩，開始數息。數息也有數種不同的方法：

(1)順數：又有兩種，一是數出息，這是通常用的一種，把注意力集中在數出息的數目上，每呼出一口氣，數一個數目，數到第十，再從第一數起，反覆連續地數下去，數到心無雜念之時，身心便有異常愉悅的感受出現了。二是數入息，方法與數出息相同，只是把注意力集中於入息的數目上。由於通常人的呼氣較慢，所以數出息，較易阻止雜念的入侵。

(2)倒數：當修行者，用順數之時，漸漸變成機械化，心中把數數目變成了無意識的或下意識的行為之時，雜念便趁機活躍起來，所以不妨把數目倒過來，從十、九、八……，而至一。

(3)隔數：倒數又成了機械化時，不妨順著數單數或雙數，單數數到第十九，雙數數到第二十。也可以倒著由第二十起數雙數或由第十九起數單數。

2.隨息——當以數息的方法，修行到了雜念漸漸減少之後，便可把數目省掉，但將注意力集中在呼吸的出與入上面，對於每一呼吸的出與入，都明明白白。此亦可分兩種：

(1)隨鼻息：注意力在鼻端，感受呼吸的出入，不用注意呼吸到達的部位及處所，但要你達到呼吸與心，相契相忘的程度就好。

(2)隨息想：每吸一口氣，便想：「一口吸盡千江水。」每呼一口氣，便想：「一口吐出萬里山。」將自己的身心，隨著呼吸的出入，而與外在的山河世界，連接起來，打成一片。當然不是要你吸入的都是水，吐出的全是山，而是要你把內在的身心和外在的世界，隨著呼吸的出入而融和為一個全體。其實，這已是從調息的範圍，跨進調心的領域中了。

(三) 調心的方法

佛法被稱為內學，所以佛所說的一切法，無一法不是教眾生向己身的內心用工夫的調心方法。佛法的總綱，稱三種無漏之學，那就是戒、定、慧。其中以禪定為修道的根本方法，戒是修道的基礎方法，慧是修道所得的效果。如果沒有戒所規定的有所不得做及有所不得不做的生活態度，修定就無法成就；縱然有了成就，也會落於邪道而自害害人。所以戒是道德規範的佛教教義，也是調心的基礎方法；做為哲學理論的佛教教義，是由調心方法所得的結晶。本文的重點，則在於說明修習禪定的方法。

以修道的立場而言，不可以說，唯有修禪定才是修道，修禪定則確是修道的主要方法。調息為修定的入門，調心則是修定的主要方法。佛的十大德稱有：「天人師」、「調御丈夫」，意即是他已是天及人類之中的一位將心完全調伏和駕御了的人，也是天及人類之中最能幫助眾生調攝身心的一位大師。從修禪定的方法而言，調心可以用如下的數類觀想：

1. 觀想身外的東西——挑選身外的任何一物，做為集中心念的對象；或者以分析身外的任何一事一物，做為轉變心念的對象。前者如月觀及日觀，後者如因緣觀及不淨觀。

2. 觀想地、水、火、風的功德——將自己的心，觀想成地、水、火、風的任何一種功德，化除煩惱妄想，進入凝然不動而又朗朗清明的定境。例如地能化腐朽為神奇，容受一切而又生長一切，然其本身始終寂然不動。水能洗淨諸垢，匯百川成大海，滋養萬物，變化萬象，而又不爭功、不諉過。

3. 以身體的官能接受身外的對象——用眼看顏色及形色，用耳聽各種聲音，用鼻呼吸，用舌抵上顎，用身體感受粗細及冷暖等。其中以用鼻呼吸的方法最基本有效，眼睛看及耳朵聽，最好要有老師指導得法，始能安全有效；舌抵上顎是打坐的基本要求；全身的部位太多，初學時不易用上力量，僅以觀想冷暖或熱的感受，也容易發生不能調和的毛病。

4. 觀想身內的五臟——中國的道家用金、木、水、火、土的五行代表五臟，所做的五行歸一而觀想丹田的方法，或以五行相濟相生的方法，導引臟器的功能，增長肉體的健康。印度的瑜伽所說的六個或七個靈球（chakras），也是以五臟為主的觀想法。

5. 觀想身體的某一部位——如觀想眉心、鼻端、腳心等。初學打坐的人，若沒有明師指導，大概只能以修數息法來調心，也可以用隨鼻息法；為了安全可靠起見，最好還是由已有經驗的人指導。至於其他各種如上面所介紹的方法，若未經有經驗的人指導，最好不去摸索，所以本文也未做明細的說明。這是技術的問題，僅靠書面敘述的來練習的話，是不夠安全的。

我在美國所教的初級班，僅教一或兩種調心法，上完中級班，可能已學到六或七種調心法；但是能夠每種都學得有效的人，並不多見，原因是打坐的基礎不夠，光學方法沒有用處，學了若不勤練，也沒有用。練習之時，發生了困難，有的可以自行解決，有的則必須老師指導，始能克服。

（四）調心的歷程

我們的心，經常處於兩種極端的狀態之下：精力充沛之時，思緒極多，不易安靜，更不易凝定，否則，在無事可做之際，就不會感到寂寞無聊；在精力疲憊之際，便會陷於睏頓、陷於晦暗、昏沉呆滯，否則，在工作了一整天之後，就不會需要睡眠。前者病在散亂心，後者病在昏沉心，此兩者是修習禪定者的大敵。輕微的昏沉，有法對治，比如睜大眼睛，注意力集中於眉心等法，用之可以見效；重昏沉則唯一的最佳方法是乾脆閉上眼睛，睡一會兒。大多數的調心方法，是用來對治散亂心的。我將調心的歷程，分作七個階段，以數息做例子，用符號來表示其心態如下：

1. 數呼吸之前，沒有集中心力的對象，心念隨著現前的外境，或回憶過去、或推想將來，不斷地、複雜地、千變萬化地起伏不已、生滅不已。

2. 數呼吸之初，數目時斷時續，妄想雜念，依然紛至沓來，但已有了集中注意力的主要對象。

3. 數呼吸之時，數目已能連續不斷達十分鐘以上，但是仍有許多妄想雜念，伴著數息的正念。

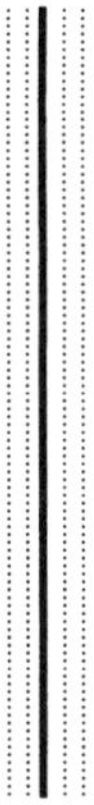

4.數呼吸之時，正念不斷，雜念減少，偶爾尚有妄念起落，干擾正念的清淨。

5.數呼吸之時，唯有清淨的正念，不再有任何妄想雜念，但仍清清楚楚地知道，有能數呼吸的自我、有被數的呼吸、有用來數呼吸的數目。實際上，雖到如此的心無二用之時，依舊至少還有三個連續的念頭，同時活動著。

6.數呼吸，數到把數目及呼吸都忘掉了，感到身、心、世界的內外間隔沒有了，人、我對立的觀念沒有了，客觀與主觀的界限沒有了，那是一種統一的、和諧的、美妙的無法形容的存在，那是充滿了力量和愉快的感受。此時，至少尚有一個念頭在。也唯有到了此時，始為與定相應的現象。

7.數呼吸，數到身、心、世界，全部不見了，時間與空間都粉碎了，存在和不存在的感受消失了，進入了虛空寂靜的境界，那是超越了一切感覺、觀念的境界。我們稱之為悟境。

沒有符號能夠表示，一切語言、名字、形相，到了此處，均無用武之地了。

以上七個階段，第一是散亂心，由第二至第五是集中注意力的過程，第六、第七是定境與悟境。若細論，第六尚不是深定，而是一般宗教家、哲學家，乃至藝術家，都能多少體驗到的所謂天人合一和與神同在的冥想。

(五) 雜念、妄想、念頭

從修行禪定者的體驗而論妄想、雜念與念頭，也大有分別說明的必要。大致上，妄想雜念，可有兩類，一是粗重的，一是細弱的。粗重的之中，又有雜亂無味而且不連貫的，名為雜念，有條理的則名為妄想。細弱的之中，又有容易察覺在動而未必有意味的一群波動，仍稱妄念，以及非在相當寧靜時不易察覺的一個一個的波動，任何一個波動，都無法代表任何意味的，便稱為念頭，若用線狀的符號加以說明，也許是這樣的：

1. 雜念群：

2. 妄想群：

3. 妄念群：

4. 念頭群：

5. 定　境：

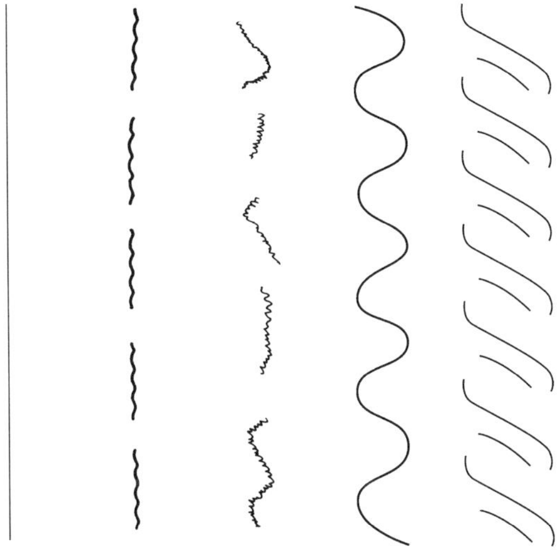

其中的念頭，起滅極為迅速，坐禪工夫相當好的人，能夠發現在一秒鐘間，有十來個念頭。對治雜念妄想的最好方法，便是「不怕念起，只怕覺遲」。當你發覺你有雜念妄想時，那個雜念妄想已經過去，不要再為它而煩惱。勿怕雜念妄想打擾你，如果你老是為著雜念妄想之像五月的蒼蠅，揮之不去而煩惱，那會為你帶來更多的雜念妄想。應該知道，當你能夠發現你有很多的雜念妄想之時，正可證明你在調心的工夫上，已經有了相當程度的收穫。

從印度禪到中國禪

調心有方，即可得到一心，而至失心入定。但這尚不是中國禪宗的方法。禪在中國，初期所傳，與印度的佛教無異，對於禪定的修行，在中國的發展，分成兩大流，一是綜合印度的大、小乘的方法，加以開發而成天台宗的止觀；一是從印度傳來的大乘禪或如來禪，加以開發而成禪宗的話頭（公案）禪及默照禪。

一、印度禪的方法

印度禪的修行方法，從小乘到大乘，頗可見到其演進的過程，現在略舉如下：

（一）小乘禪法

1. 止觀——欲得四禪八定，必須用某種方法，收攝心神，並用智慧，觀照實際，此正所謂定與慧等持等修，始能入道證真。止是消極地將心神凝聚於一處，觀是積極地活用智慧觀照實相真理，二者如車之二輪，並駕前進，不可偏廢。此在《增一阿含經．六重品》、〈有無品〉、〈慚愧品〉，《雜阿含經》卷三、同經〈因誦第三品〉，《中阿含經．林品自觀心經》第三，以及《阿毘達磨集異門足論》卷三，均有述及止觀的名相與修法。中國天台宗的止觀法門，即是依據印度小乘止觀，予以發揮而成。

2.三昧——不偏於止，不偏於觀，進入深定，心態正直平等，不動相續，觀智成熟，照境清明，稱為三昧。也就是由定中的智慧，反映於外境時所起的功用。大略可分二類：(1)從所觀的對象得名者，例如空三昧、無相三昧、無願三昧、慈三昧、火三昧、水三昧等。(2)從三昧的功能現象得名者，例如不動明王三昧、金剛三昧、獅子奮迅三昧等。此可以由《增一阿含經．高幢品》、同經〈馬王品〉、《雜阿含經》卷二〇等處見到。並於《增一阿含經．十不善品》中，介紹說：「若有比丘，得金剛三昧者，火所不燒，刀斫不入，水所不漂，不為他所中傷。」

因此，梵文的三昧（samādhi）這個名詞，至少含有三層意思：一是入定的本身，二是由定所生的慧對外反映的功能，三是神通的力量。故在翻譯之時，極易混淆。

從修行者的善根類別不同及層次不同，所得的三昧，也不盡相同。此在《增一阿含經》的〈弟子品〉及〈清信女品〉等處的記載，可以見到。在大乘的《付法藏因緣傳》卷二則說：「如來三昧，諸辟支佛不識其名；緣覺三昧，一切聲聞莫能解了；大目揵連、舍利弗等所入三昧，其餘羅漢，不能測度。」

3. 十念與二甘露門——止觀是修定時用的兩種交互並行的方法，三昧是修行禪定後所產生的功能。現在再介紹修行禪定的方法。

(1) 十念：以心念繫縛於某一種特定的事物或功能上，便可進入定境。所謂十念是：①一心專念於佛的身相、面相，及其殊勝的聖德。②一心專念於佛的正法，因其能除眾生的煩惱渴求之心。③一心專念如來的聖僧大眾，因其具有持戒、智慧、解脫的聖德。④一心專念清淨的戒律，因其有無為無欲之功德。⑤一心專念做大布施，若人罵我，不發怒，若人打我、殺我，不瞋恨，施捨歡喜，全無餘想。⑥一心專念天神的身相光明，讚歎其善行的果報。⑦一心專念於休息，心意止息，樂住於安閒寧靜而入三昧。⑧一心專念於呼吸的出入，了了分明。⑨一心專念於身體的垢穢不淨，終歸無常。⑩一心專念於身體死亡的現象。從《增一阿含經》卷一的〈十念品〉所見，以上的十念，各各都是一種獨立的法門。

此十念，均係用來修行禪定的方法，後來的大乘淨土宗，便以念佛的身相、面相，以及專念阿彌陀佛的名號，以期修成念佛三昧。

(2)二甘露門：此是後世的小乘佛教徒，從十念之中，抽出了第八的數息觀及第九的不淨觀，做為兩項特別重要的修行法。事實上，散亂心重的人，修行數息觀，淫欲心重的人，修行不淨觀，的確是相當有效的方法。甘露是一種藥名，傳說服食甘露，可得不死。將數息、不淨的兩種方法，稱為甘露之門，意即是修此法門，可以解脫生死。

4.五停心與四正斷

(1)五停心：又名坐禪的五門，《五門禪經要用法》中說：「所以五門者，隨眾生病，若亂心多者，教以安般（數息）；若貪愛多者，教以不淨；若瞋恚多者，教以慈心；若著我多者，教以因緣；若心沒者，教以念佛。」

(2)四正斷：又名四正勤、四意止、四意斷。即是：①令已生的惡法斷除；②令未生的惡法不起；③令已生的善法增長；④令未生的善法生起。

5.六妙門與十六特勝

(1)六妙門：這是以呼吸做為修定的六種方便法門。根據《阿毘達磨大毘婆沙論》卷六的敘述，分條說明如下：

①數息，有五種數法：a.從一數到十，稱為滿數；b.從多的數目數到少的數目，稱為減數；c.從少的數目數到多的數目，稱為增數；d.數目數過了第十，或自行確定一串不規律無順序的數目，稱為亂數；e.先數五次入息，再數五次出息，稱為淨數。

②隨息，將心念隨著呼吸進出，息至何處，心亦隨之到何處。吸氣時，心隨氣入，逐步由咽喉、心胸、臍輪，乃至直到足趾；呼氣時，心隨氣出，漸漸由近至遠。

③止息，觀想息風，初住鼻口、次住咽喉、次住心胸、次住臍輪，乃至住於足趾。

④觀息，息風到達任何部位，都能審究觀察。

⑤還息，又名轉息，轉此呼吸，觀想：身不淨、受是苦、心無常、法無我的四念處，用來對治凡夫通病的常、樂、我、淨的四顛倒。

⑥淨息，一切煩惱盡除，證得聖果之謂。

(2)十六特勝：此亦是呼吸法的一類，《修行道地經》對此有詳細的說明。即是：①數息增。②數息減。③數息時動身，即知有問題。④數息時身體怠惰沉重，即知有瞌睡的問題。⑤數息時生起歡喜心，即知有問題。⑥數息時生起安樂心，即知有問題。⑦數息時，觀照諸種想及念，了了分明。⑧數息時雖起諸種想及念，皆柔順於數息的工夫。⑨數息時自心所感覺明瞭者，即時知道。⑩數息時，若心歡悅立即知道。⑪數息時，若得心定，即時知道。⑫數息時，心得解脫，立即知道。⑬數息時，洞見息是依於無常，即時察知。⑭數息時，觀察息之起滅不已而得離欲之心者，立時知道（離欲界即將入初禪）。⑮觀見氣息滅盡，即時知道（將入第四禪）。⑯數息時，觀見氣息滅盡，離欲清淨，趣向解脫道，立即知道（將離三界生死）。

可見，六妙門與十六特勝，都是以呼吸法來達到禪定，乃至解脫一切煩惱的目的。

（二）祖師禪的先驅

1.是以所跟隨的師父為修行的（皈）依（住）止之處，不依佛說的經律為最高的權威。此如小乘部派佛教中的雞胤部（Gokulika）主張不必依佛說的經（sūtra）和律（vinaya）為主，應依祖師所作的論（discourse）為修行的依準。

2.不依見聞覺知而修禪定，例如《雜阿含經》卷三三，便有如此的記載：「禪者不依地修禪，不依水、火、風、空、識、無所有、非想非非想而修禪，不依此世（界），不依他世（界），非日、月，非見、聞、（感）覺、識（別），非得、非求、非隨覺（受）、非隨觀（察）而修禪。」這與傳統的印度禪的觀點，頗不相同，倒與中國的祖師禪的風格很相類似。

二、中國禪的方法

中國禪，從佛法初傳（西元第一世紀），以迄禪宗爛熟（西元十二世紀），產生了話頭禪與默照禪的對峙並行之際，曾經幾番的變化。

（二）初傳中國的禪法

自東漢桓帝（西元一四七—一六七年在位）時代至梁武帝（西元五〇二—五四九年在位）時代，菩提達摩（Bodhidharma）自印度東來為止的大約三百五十年之間，由印度傳來的禪法，乃是印度的小乘禪及大乘禪：

1.安世高（西元一四八年到洛陽）譯出了十多種小乘的禪經。大約在同一個時代，又有支婁迦讖，譯出了《道行般若經》、《首楞嚴經》，為大乘禪的空的理論，開了介紹的先河。

2.另有於西元二四七年到達建業（今之南京）的康僧會，不但譯出了《坐禪經》一卷，並對安世高所譯的《安般經》（*Ānāpāna Sūtra*）加以註解，「安般」的意思是一種呼吸法或數息法。不過，《坐禪經》及《安般經》註解，現已失傳，僅從《出三藏記集》卷六，見到他的禪定思想如下：

> 夫安般者，諸佛之大乘，以濟眾生之漂流也。其事有六，以治六情，情有內外，眼、耳、鼻、口、身、心，謂之內矣；色、聲、香、味、細滑、邪念，謂之外也。……彈指之間，心九百六十轉，一日一夕，十三億意，意有

一身，心不自知。……是以，行寂、繫意、著息，數一至十，十數不誤，意定在之。小定三日，大定七日，寂無他念，泊然若死，謂之一禪。……已獲數定，轉念著隨，……意定在隨，由在數矣，垢濁消滅，心稍清淨，謂之二禪也。又除其一，注意鼻頭，謂之止也。……諸穢滅矣，昭然心明，踰明、月、珠，……志無邪欲，側耳靖聽，萬句不失片言，……謂之三禪。……具照天地人物，其盛若衰，無存不亡，信佛三寶，眾冥皆明，謂之四禪也。

康僧會以數息、隨息等的六妙門，是大乘法，對於四禪，所下的定義界說，也略異於一般的見解。似乎初禪的重點在定力，二、三、四禪，重點在於慧力。

3. 鳩摩羅什（Kumārajīva）——西元四〇一年，到長安，譯出了空宗的《大品般若經》、《維摩經》等，奠定了大乘禪法的基礎。同時也譯出了多種小乘的禪經，例如《禪祕要法經》三卷、《禪法要解經》二卷、《坐禪三昧經》二卷、《思惟略要法》一卷。對於修行禪定的基本方法及其現象，例如數息法、不淨觀、白骨觀等的次第，有很詳細的介紹。另有與羅什同一時代來到中國的佛陀跋陀羅（Buddhabhadra），也譯出了小乘經，名為《達摩多羅禪經》（*Dharmatara*

Dhyāna Sūtra），介紹了六妙門、十六特勝的數息法，以及不淨觀等。

4.禪法與道法的影響——中國的道家，以煉丹的方法，增長人體的健康和長壽，佛教初傳中國，來自西域的僧侶，大多也將佛教所用的修行方法，譯出介紹給中國人，這是為了事實上的需要，如不拿出於人身心有直接利益的方法，光是空講理論，不能滿足多數人的要求。同時，佛教到了中國，也受到道家思想的影響，比如道安（西元三一二—三八五年）的弟子們及羅什的弟子們，大多曾是精通道家而後進入佛教的，因此也運用道家的名詞及觀念，來說明佛經的義理，並且自由發揮，申論所見的道理，比如道生（西元三五五—四三四年）首倡頓悟之說，對於後來的禪宗有著極大的啟發作用。另有傳說為僧肇（西元三八四—四一四年）所撰的《寶藏論》的〈廣照空有品〉，其論調形式，幾乎與老子的《道德經》相類似：

> 空可空，非真空；色可色，非真色。真色無形，真空無名。……其大也，愰蕩無涯。……無形而形，無名而名，物類相感，和合而生，生而不生，其無有情，眾謂之聖，眾謂之明，種種稱號，各任其名，然其實也，以無為為

宗，無相為容，等清虛，同太空，究無處所，用在其中。

佛教謂「空」，道家謂「無」，其義本不相同，然在中國的佛教徒們，假用道家的「無」字，說明佛教的「空」義，結果把無字的定義，昇格而超越到「空」字之上。後來中國禪宗的風格，大致上是受了這個無字的影響，以無字代表一切的一切，也以無字來解答一切問題，既然是「無」字，當然也無話可說，無相可表，實則又是無一物不是代表著一切，也是無一物不在說明著一切。因此，到了第九世紀的趙州從諗，開出了一個「狗子無佛性」，以禪的立場而言，有與無的執著，都是煩惱心，所以乾脆用一個無意味的無字來打發問話的人，走上死路碰上絕壁之後，產生不假思惟的頓悟的效果。

(二) 天台宗的禪法

中國的天台宗的佛教，主張教理的認識及禪觀（dhyāna-contemplation）的修行並重，頗有類似西藏的宗喀巴格魯巴派的密宗。天台宗的智顗，依據印度的禪定與止觀的內容，首先寫了一部《禪門修證》共十卷，接著又僅以其中禪的修行法為主，寫了一卷本的《小止觀》，最後為了發揮他對於禪觀的獨到思想，寫了一部《摩訶止觀》十卷。大致上他的前二書，是講漸次的修行法，後一種是講圓頓的修行法。由於《摩訶止觀》毋寧是側重於理論的發揮，依照它來修行的人，可說太少了，倒是《小止觀》的內容，簡單明瞭，很受廣多修行者的歡喜使用。事實上他也極為重視小乘禪觀法中的六妙門的呼吸法。

《小止觀》所敘述的內容，分為十章，可列九門如下：

1.備足坐禪的先決條件：持戒、懺悔、衣食無缺、清淨寧靜的地方，放下一切事務，要有一位高明的老師指導。

2.厭離色、聲、香、味、觸等五欲。

3.克服貪欲、瞋恚、睡眠、輕浮與悔惱、遲疑不信等的粗重煩惱，不使表現出來。

4.調和飲食：飲食勿使過量，亦不使飢渴。調理睡眠，勿使睡眠過多，縱在夜間，只有中夜四個小時睡眠即足。調身、調息、調心，三事合用，不可分離。

(1)調身——入坐之前，宜做準備，勿使心浮氣粗；入坐之時，宜用半跏坐，身宜正，脊宜直，勿曲勿聳，鼻與臍相對成直線，不偏不斜，不低不仰。主張閉眼。

(2)調息——息者，呼吸時無聲、不結、不麤，出入綿綿，若存若亡。坐時守息則心定，若呼吸時有聲、結滯不通，出入不細，名為不調，心亦難定。

(3)調心——第一調伏雜亂的心念，第二調伏昏沉瞌睡及浮躁飄動的心態。此宜安心向下，注意力集中肚臍，則心自然安靜。然而心不宜急，急則氣向上，會引起胸部急痛。然亦不宜太鬆，否則，心志遊漫，或口中涎流，或時暗晦，此時應將全心向下，注意集中在肚臍。

坐前的身、息、心，宜由麤而細。坐完時的身、息、心，宜由細而麤，坐完時，當動心、吐氣，微微動身，再動肩、手、臂、頭頸，而至兩腳。坐後如不運動按摩，細法未散，留住在身，令人頭痛，骨節猶如風勢，以後坐禪時，則會煩躁不安。

5.方便行：立志發願，脫離一切妄想顛倒而得禪定智慧。堅定持戒，專精修定心念。世間虛妄不實，禪定智慧，尊重可貴。籌量世間欲，與禪定智慧樂的得失輕重。一心決定，修行止觀。

6.修止觀：

(1)坐中修止觀——修定的姿勢，以跏趺坐為最好。

(2)歷緣對境修止觀——坐得勞累之時，雖在其他的一切時地，也當修行。所謂「歷緣」者，共有六種，即是行、住、坐、臥、勞動工作、談話等。均有一定的方法，用來調伏身、口、心。所謂「對境」者，即是，當在眼見色時、耳聞聲時、鼻嗅香時、舌受味時、身受觸時、意知諸法（事物）時，均有一定的修行方法。

7. 發起善根的現象：由修行而使善根發起的現象，有內及外的兩類。

(1)外善根的現象——修行得力之時，氣質和思想，均會改變，通常會使修行者自然地發心持戒及布施，孝順父母及尊敬長輩，供養三寶，讀誦經典，聽聞佛法。

(2)內善根的現象——由於所修方法的不同，所發生的現象也不同。

①呼吸法的善根現象。如用數息法，而得身心調適，妄念不起，自覺其心，漸漸入定，身心泯然空寂，不見身心相貌。又在定中，忽然發動身心的動、癢、冷、暖、輕、重、澀、滑等八種感覺。如用隨息法，則能以其心眼，自見身內諸物，而心大驚喜。這均是欲界或在未到定（初禪之前）中的現象。

②不淨觀的善根現象。於欲界未到定中，身心虛寂，見男女身體死亡爛壞，

甚至悲喜，厭倦所愛的血肉之軀。若入初禪中，則見自身他身皆不淨，驚悟無常，厭離五欲，不著人我。

③慈心觀的善根現象。於欲界的未到定中，慈念眾生，或觀想眷屬親人，內心清淨，悅樂不可比喻，乃至緣見一切眾生，也是如此。出定後，其心悅樂，不論見到何人，表情經常和藹可親。

④因緣觀的善根現象。於欲界的未到定中，忽然推尋三世十二因緣，不見人我，離常與斷的偏見，心生法喜，不念世事。

⑤念佛觀的善根現象。憶念諸佛功德相好，不可思議，廣利眾生，不可思議，敬愛諸佛之心，油然而生，開發三昧，身心快樂，清淨安穩，從禪定中出來後，身體仍很輕軟明利。

8.魔事：即是身心與自然環境對於修行者的障礙，《小止觀》中特別重視的是各類鬼神對於精勤的修行者，用種種方式來擾亂。大致上都是用的違情惱亂及順情惑亂的方法與形象，使修行者心生動亂，失去禪定。

9.治病：智顗大師將病因分作：第一，地、水、火、風在人體中的失調而得病；第二，心、肺、肝、脾、腎的不健康而知覺有病。治病之法，分作五類介紹：

(1)以修止的方法治病——將心念安止於病的所在處，即能治病。但能繫心於臍下一寸處的丹田，守此經久而不散，常能治病。不問行、住、寢、臥，常將心念繫於腳下，能治諸病。若但心想一切諸法（萬事萬物），空無所有，病從何生，寂然心止，多半也能治病。

(2)以六種氣治病——用唇及口，以不同的方式將氣吐出；「吹」治寒冷，「呼」治炎熱，「嘻」去痛及治風寒，「呵」去煩躁及下氣，「噓」散痰及消滿，「呬」補勞。

(3)以十二種息治病——上息治沉重，下息治虛懸，滿息治枯瘠，焦息治腫滿，增長息治羸損，滅壞息治增盛，煖息治冷，冷息治熱，衝息治壅塞不通，持息治戰動，和息通治四大不和，補息資補四大衰。如果善於使用十二種息，可治眾病；若用之不當，則反增眾患。

(4)用假想觀治病——例如患冷，假想身中有火氣升起，即能治寒冷等。

(5)檢查分析身中地、水、火、風四大而治病——四大本空，身不可得，心中的病亦不可得，故能治眾病。

從以上的介紹之中，大致已可明白，天台宗的修行方法，仍是印度傳統方法的延伸，因其主要的方法，僅是數息、隨息、觀身不淨、慈心觀、因緣觀、念佛的功德與相好。但這些都是非常實用而且是非常基本的方法。也正由於如此，這一部名為《小止觀》的禪定方法的入門書，很受中國乃至日本佛教徒們的重視，但是也不容易學通學好。

中國禪宗的禪

中國禪宗，看起來，僅是一個單純的名詞，其實從菩提達摩到達中國以來，開創了禪宗，禪宗卻隨著時代及地域的不同，它的風格和內容，已有了多次的大變化。根據近世學者的研究，我們知道，中國的禪宗，大致至少有過三次變化：純禪時代、禪機時代、禪的爛熟時代。

一、純禪時代

所謂純禪時代，是指達摩來中國，迄六祖惠能（西元六三八—七一三年）入寂，大約一百九十年之間，有其如次的特色：1.不廢棄經典教義，但不死於經句的拘泥，乃在活潑地把捉住佛的精神所在。2.沿用佛教的一般術語，以提攜全部的佛法為主眼，未嘗企圖建立一宗一派的門庭。3.他們有濟世化眾的悲心，不陷於一般小乘禪者的厭世主義，或閒雲野鶴般的自然主義的道家色彩。也不以神異來做號召，固守平實穩健的大乘佛教的精神。4.鼓勵坐禪的工夫，尚沒有話頭可看或公案可參，當然也沒有棒打及吆喝的方法。現在介紹純禪時的禪師如下：

（一）菩提達摩

菩提達摩，教人悟道的方法，有二門：

1.由教理的認識而起深刻的信心，相信一切眾生，都同具一個真性，若能面壁修行，捨除妄想即歸真性，便會發現凡夫與聖人，原來沒有分別。

2.由修四種方法，悟得真性：(1)受苦報時，不起怨心，但念此是往昔生中對眾生所造的怨憎違害的惡因所感。(2)若受福報及榮譽等事，心念此是過去世中德業所感，今天接受，等於從銀行中將存款提來應急用掉，何喜之有。(3)修行者當常心想，三界如火宅，有身便有苦，無有究竟安樂處，故應不但無貪無求，更當捨諸所有。(4)修行者的心應當常與諸法的真性相應，真性無染無著，無此無彼，稱法而行者，當不吝惜身命財產，發布施心，化導眾生而不以有眾生被己所度。此為自行，亦能利他，亦能莊嚴菩提之道的方法。

（二）傅翕

傅翕（西元四九七—五六九年）與達摩同是梁武帝時代的人物，有人說，他可能受了老莊所說「無為而無不為」的思想形式的暗示，故在他的語錄中，常有將矛盾的兩種意思，合而為一句話的例子，比如他說：「真照無照」、「一心非心」。「寂滅性中無有滅，真實覺中無覺知。」「空手把鋤頭，步行騎水牛，人從橋上過，橋流水不流。」「猛風不動樹，打鼓不聞聲，日出樹無影，牛從水上行，……修道解此意，長伸兩腳眠。」「無明即是佛，煩惱不須除。」又在他的名作〈心王銘〉之中，表示了即心即佛的思想：「心王亦爾，身內居停，面門出入，應物隨情，自在無礙。所作皆成，了本識心，識心見佛，是心是佛，是佛是心。……慕道之士，自觀自心，知佛在內，不向外尋。即心是佛，即佛即心；心明識佛，曉了識心；離心非佛，離佛非心。」

（三）道信

禪宗的第四祖道信（西元五八〇—六五一年）的禪思想，在《景德傳燈錄》的〈法融章〉中，可以見其梗概：「一切煩惱業障，本來空寂；一切因果，皆如夢幻；無三界可出，無菩提可求；人與非人，性相平等；大道虛曠，絕思絕慮，……汝但任心自在，莫作觀行，亦莫澄心，莫起貪瞋，莫懷愁慮，蕩蕩無礙，任意縱橫，不作諸善，不作諸惡，行、住、坐、臥，觸目遇緣，總是佛之妙用。」這便說明了中國的禪，是以不用任何方法，只要一切不用心向外緣，不做分別，當下便是佛性的顯現。

（四）法融

牛頭山的法融（西元五九四—六五七年），是四祖道信的弟子。從他的〈心銘〉中，可以見到他的禪法，多用排遣，灑脫自在，不假功用的，例如他說：「一切莫作，明寂自現，前際如空，知處迷宗，分明照境，隨照冥蒙，一心有滯，諸法不通。……將心守靜，猶未離病，生死忘懷，即是本性。……分別凡聖，煩惱轉盛；計校乖常，求真背正；雙泯對治，湛然明淨；不須功巧，守嬰兒行。……菩提本有，不須用守，煩惱本無，不須用除。……一切莫顧，安心無處，無處安心，虛明自露，寂靜不生，放曠縱橫，所作無滯，去住皆平，慧日寂寂，定光明明；照無相苑，朗涅槃城。」他認為：求定亦是縛，念生是無明，作佛亦是病。可見他是以掃除一切為修行禪的方法。

（五）惠能

禪宗的第六祖惠能（西元六三八—七一三年）以後，由於南方的頓悟與北方的漸悟之爭的結果，南方一系，日趨於鼎盛，所以惠能被尊為頓悟法門的開山祖師而大大地有名，當然，更由於他有一部《六祖壇經》留傳於世，乃是受重視的原因。他的思想，即在《六祖壇經》之中告訴了我們：

1. 一物是何物——惠能一日向大眾發問：「吾有一物，無頭無尾，無名無字，無背無面，諸人還識否？」

2. 知自心識自性——他說：「無上菩提，須得言下識自本心，見自本性，不生不滅，於一切時中，念念自見萬法無滯，一真一切真，萬境自如如，如如之心，即是真實。」

3. 惠能聞「無住生心」而大悟——五祖弘忍獨為惠能說《金剛經》，至「應無所住而生其心」之句，惠能於言下大悟，悟見萬法不離自性。

4. 見性成佛與即心即佛——自性又是如何模樣呢？他說：「菩提自性，本來清淨，但用此心，直了成佛。」這便是直指人心、見性成佛的思想。因此又說：「凡夫即佛，煩惱即菩提。前念迷即凡夫，後念悟即佛；前念著境即煩惱，後念離境即菩提。」這裡所說的心，是真實明淨的智慧，不是分別執著的妄想。這裡所說的性，是與萬物同體，本來清淨的佛性，不是各類分割的個性。

5.一相三昧與一行三昧——何謂一行三昧？即是惠能教人：「於一切處，而不住相，於彼相中，不生憎愛，亦無取捨，不念利益成壞等事，安閒恬靜虛融澹泊，此名一相三昧；若於一切處，行、住、坐、臥，純一直心，不動道場，真成淨土，此名一行三昧。」又說：「一行三昧者，於一切處，行、住、坐、臥，常行一直心是也，《淨名經》（即是《維摩經》）云：『直心是道場，直心是淨土。』」

6.見性與禪定——惠能說：「唯論見性，不論禪定解脫。」重視開悟見性，不談論禪定解脫，這是說明了中國禪宗，注重智慧的見地開發，不注重修禪定來達成解脫生死苦惱為目的。惠能教人修行的方法，非常簡單而又實際，若人能夠保持絕對的直心或不動心，當下便有見性的因緣來迎。例如他教一位本來想要搶奪他的祖衣的惠明說：「汝既為法而來，可屏息諸緣，勿生一念，吾為汝說。」

明良久，惠能云：「不思善，不思惡，正與麼時，那箇是明上座本來面目？」惠明言下大悟。因此，他對坐禪的解釋，也與傳統的佛教不同，他說：「心念不起，名為坐，內見自性不動，名為禪。」又說：「道由心悟，豈在坐也。」

二、禪機時代

六祖惠能之後，一變純樸的風格，棒打及喝罵的機用大行。所謂機用，是指因時地不同及師對弟子間的啟發方式不同而言，不講基本的佛教理論，也不談戒、定、慧的三原則，乃是直接用緊逼的方式，或揮拳、或腳踢、或毒罵、或用矛盾語、或用無意味語，來點出戮破修行者的我見——我慢、我貪、我瞋、我疑、我所知與無知等的心理障礙，以到達悟的境地。可見，所謂禪機，是靈活運用不拘一定形式的動作和語句，使得修行者，得到禪的功能——智慧的顯現。

禪機大行的時間，是從惠能入寂，以迄五代的末期（西元九五九年為五代的最後一年），大約二百五十年的期間，禪宗的大師輩出，由六祖門下的大弟子們，漸漸地輾轉相傳，形成了五家不同風格的宗派。迄近世仍在流行的臨濟及曹洞的兩派的禪宗，即是發源在這個禪機的時代。

在這期間，值得介紹的禪宗祖師，實在太多，本文僅能做一點抽樣性的敘述。

（二）用棒、豎拂、揚眉張目、示圓相、用喝之始

1.《六祖壇經》中敘述到惠能曾用柱杖，打了沙彌神會三下，問他：「我打你，痛不痛？」用來測驗神會，是否已懂了「無住」即是「本來」面目的道理。此為禪宗用棒之始。

2.《景德傳燈錄》卷五，「行思」條中，記述惠能的弟子行思，兩問其弟子希遷：「你從哪兒來？」希遷兩答：「從曹溪來。」行思便豎起拂子再問：「曹溪有這件東西嗎？」希遷說：「沒有。」行思結語：「可不是嗎？曹溪和印度傳來的什麼心法，也都是沒有的啦！」此為禪宗用拂之始。拂子是用來拂除家具上塵土及蚊蠅蟲蟻等的一種清掃工具。

3.《景德傳燈錄》卷四，惠能的弟子「慧安」條中，記述著慧安曾以眼睛的開合，回答有人問他：「什麼是達摩祖師從西方的印度，傳到中國來的東西？」這個問題。

4.《景德傳燈錄》卷五，「慧忠」條中說：「師見僧來，以手作圓相，相中

書日字。」同書卷四的「道欽」條中說：「馬祖令人送書到，書中作一圓相，師發緘，於圓相中作一畫，卻封迴。」

5.《景德傳燈錄》卷六，「懷海」條中記述：惠能的法孫馬祖道一（西元七〇九—七八八年），與其弟子百丈懷海問答之時，曾大喝一聲，使得懷海耳聾三日。也可以說，禪機之風，創始於惠能，大成於道一，盛行於第八、第九世紀之世。禪宗的真精神，即在此一時代，禪宗的偉大祖師們，也多活躍於此一時代，本文無法逐一介紹，僅能選取如下的數位祖師，做為一窺禪宗風貌的代表人物。

（二）祖師的禪風

1.石頭希遷（西元七〇〇—七九〇年）的禪——

(1)不論禪定：《景德傳燈錄》卷一四云：「希遷一日上堂說：『吾之法門，先佛傳授，不論禪定精進，達佛之知見，即心即佛。心、佛、眾生、菩提、煩惱，名異體一。汝等當知，自己心靈體，離斷常，性非垢淨，湛然圓滿，凡聖齊同，應用無方，離心、意、識。三界六道，唯自心現。水月鏡像，豈有生滅。』」

(2)自縛、自垢、自生死：《景德傳燈錄》卷一四又說：「有僧問希遷：『如何是解脫？』他反問：『誰縛汝？』另有僧問希遷：『如何是淨土？』他反問：『誰垢汝？』又有僧問希遷：『如何是涅槃？』他反問：『誰將生死與汝？』」

2.馬祖道一（西元七〇九—七八八年）——這是禪宗史上的一位奇人，他門下的法將，有一百多位。他的禪風，往往權變自在，應化無方。他主張心外無佛，自心是佛，佛外無心，不取善捨惡，不觀空入定，以平常心是道，行、住、坐、臥是道。一切法皆是佛法，不假修道，不用坐禪。他的禪機極多，例如：

(1)打著：僧問：「如何是祖師自西方傳來之意？」馬祖便打，並說：「我若不打汝，諸方笑我也。」

(2)畫地：有僧於馬祖前作四畫，上一長下三短，問曰：「不得道一長三短，離此四字外，請和尚答。」馬祖乃畫地一畫，說：「不得道長短，答汝了也。」

(3)蹋著：洪州水老和尚初參馬祖：「如何是西來的意？」馬祖說：「禮拜著。」水老和尚才禮拜，祖便與一蹋。

(4)馬祖道一門下的禪機：由於馬祖門庭廣大，弟子眾多，龍象輩出，所用禪機，也是層出不窮，例如道明禪師的吐舌、百丈捲掉馬祖面前的禮拜席、麻谷掀禪床、寶徹翹足、智常斬蛇、智常彈指、智常舉拳、南泉斬貓等。

(5)馬祖道一的即心即佛：《景德傳燈錄》卷六云：「江西道一禪師，……一日謂眾曰：汝等諸人，各信自心是佛，此心即是佛心。……若了此心，乃可隨時著衣喫飯，長養聖胎，任運過時，更有何事。」又於《馬祖道一禪師廣錄》云：「僧問如何修道？曰道不屬修，若言修得，修成還壞，即同聲聞；若言不修，即同凡夫。……自性本來具足，但於善惡事上不滯，喚作修道人。……一念妄想，即是三界生死根本。……道不用修，但莫汙染。……若欲直會其道，平常心是道。……如今行住坐臥，應機接物，盡是道。……不假修道坐禪，不修不坐，即是如來清淨禪。」

3.南陽慧忠（西元六七五—七七五年）的禪風——他批評馬祖的即心即佛義：「菩提涅槃，真如佛性，名異體同；真心妄心，佛智世智，名同體異。緣南方（道一等）錯將妄心言是真心，認賊為子。」（《景德傳燈錄》卷二八）

4.百丈懷海（西元七二〇—八一四年）的禪風——懷海是道一的弟子，機用也頗與道一類似，未創什麼新義。他對禪宗的貢獻，與其說是在於思想，毋寧說是在創立了叢林制度，使得禪僧脫離了律宗的寺院，仍能度其清淨的修道生活，建立了獨立的禪寺，並且以「一日不作、一日不食」的名言做為禪僧的生活標榜，此與律僧之不得耕種的生活方式，大異其趣。

5.南泉普願（西元七四八—八三四年）的禪風——他是道一的入室弟子，但他以為道一所倡的「即心即佛」之說，不過是一時間權巧之說，不過是空拳黃葉，用來止住嬰兒的啼泣之說。他主張：「不是心，不是佛，不是物。」他以為：「大道無形，真理無對，所以不屬見聞覺知。」禪者的大事，便是如何悟入這個大道。

6.龐蘊居士——通稱龐居士，字道玄，他的生歿年齡不詳，他曾參訪石頭希遷及馬祖道一，均以「不與萬法為侶者是什麼人？」的一句話請示，希遷用手掩龐氏之口，使之豁然有省；道一答以：「待汝一口吸盡西江水，即向汝道。」使他言下大悟。他的女兒靈照，以賣竹漉籬為生活，一日，龐居士知死期已至，命女兒出戶看時間，女兒出去看了看，進門說：「日已中正，但有日蝕。」龐居士不相信，出戶觀看時，靈照卻坐上其父的座位，合掌端坐而亡。龐氏見狀，笑說：「我女鋒捷矣。」因此使他晚死七天。他的思想，是以空寂無相為宗旨，例如他說：「楞伽寶山高，四面無行路，唯有達道人，乘空到彼處。……一切若不空，苦厄從何度？」又說：「家內空空空，空空無有貨；日在空裡行，日沒空裡臥；空坐空吟詩，詩空空相和；莫怪純用空，空是諸佛座；世人不別寶，空即是實貨。」又說：「無貪勝布施，無癡勝坐禪，無瞋勝持戒，無念勝求緣。」「無求真法眼，離相見如來。」「任運生方便，皆同般若船。」這是從體悟了空理之後的身心活動，無一處、無一時、無一事，不是與戒、定、慧三學相應的無邊功德。他有一個男不婚、女不嫁、赤貧如洗的家庭，比如他說：「自身赤裸裸，體上無衣被。」「富貴心不緣，唯樂簞瓢飲，……饑食西山稻，渴飲本源泉，寒披無相服，熱來松下眠。」因此而能「更莫憂盜賊，逍遙安樂睡」。總之，龐居士是一位帶有濃厚的自然主義色彩的禪者。

7. 藥山惟儼（西元七五一—八三四年）——這是石頭希遷及馬祖道一的弟子。有一天石頭希遷見他靜坐，便問他：「做什麼？」他說：「不為一物。」又問：「怎麼可在此閒坐呢！」他答：「若閒坐則為了。」希遷再問：「你說不為，又不為箇什麼？」他答：「千聖亦不識。」

又有一次惟儼在打坐，有僧問他：「兀兀地思想箇什麼？」他回說：「思量箇不思量底。」僧又問：「不思量底又如何思量？」他說：「非思量。」可見惟儼的禪風，相當孤峻。

惟儼一日正在看經，僧問：「和尚尋常不許人看經，為什麼卻自看？」他答：「我只圖遮眼。」僧再問：「像我這樣的人能夠學和尚嗎？」惟儼的開示是：「一般人只向紙背上記持言語，多被經論惑，我不曾看經論策子。」可見他是反對對經論做入海算沙式的研究的人，他是把一切經教當作自家藥箱中物的人。

後來中國的宋明理學家中，陸象山與王陽明，多少均與禪思想有關而傾向於佛教，其主要淵源是李翱參訪了藥山惟儼，作《復性書》三篇，大旨與禪同調，給了後來的儒家學者很大的影響。李翱初訪惟儼，即問：「何謂道耶？」惟儼不說話，只以手指上下，然後反問李翱：「會嗎？」李翱說：「不會。」惟儼告訴他：「雲在青天水在缾。」這是用的平常話，說的平常事，卻使李翱獲益良多。

8. 圭峰宗密（西元七八〇—八四一年）的禪思想——宗密是華嚴宗第四祖清涼澄觀（西元七三八—八三九年）的弟子，故被稱為華嚴宗的第五祖，但他又是禪宗第七代祖荷澤神會的門下傳人，所以他既是一位博通經典教義的大學問家，也是一位禪的大實踐家。他將禪的修行，一分為五等：

(1) 外道禪：帶有異端邪見思想而修，並且有欣求向上，厭棄向下之心者。

(2)凡夫禪：正確地相信因果，也以欣上厭下之心而修者。

(3)小乘禪：悟得我空之理，出生死界而修者。

(4)大乘禪：悟得我空及法空之理，既入涅槃而又不厭離生死者修之。

(5)最上乘禪：若頓悟自心，本來清淨，元無煩惱，無漏智慧之性，本來具足，此心即是佛，畢竟不異，依如此心境而修者，為最上乘禪；又名為如來清淨禪、一行三昧、真如三昧，乃是一切三昧的根本。若念念修習，自然漸得百千三昧。他說：「達摩門下，展轉相傳者，是此禪也。達摩未到，古來諸家所解，皆是前四禪八定，諸高僧修之，皆得功用。南岳（慧思）、天台（智顗），令依（空、假、中）三諦之理，修三止三觀，教義雖最圓妙，然其趣入門戶次第，亦只是前之諸禪行相，唯達摩所傳者，頓同佛體，迥異諸門。」（〈禪源諸詮集都序〉卷上一）

宗密又將禪的流類，區分為三宗：

(1)息妄修心宗：遠離憒鬧，閒靜處坐，心住一境，止息妄念，若妄塵盡，即可明鑑佛性。他說此如北宗諸禪師，以及牛頭法融、天台智顗等所修的方便之門。

⑵泯絕無寄宗：一切諸法，本來空寂，法不須修，佛不須作。本來無事，心無所寄，方免顛倒，始名解脫，此如石頭希遷等，皆示此理。

⑶直顯心性宗：此又有二門：①一切言語動作、善惡苦樂等，皆是佛性。本來是佛，天真自然。道不須修，惡不須斷，任運自在，方名解脫。②妄念本寂，塵境本空，空寂之心，靈知不昧，即是真性，寂知、知寂，無念是宗。此二門皆是會相歸性，故同一宗，如荷澤神會的禪即是。宗密也著有〈坐禪法〉一種，收於《圓覺經修證儀》卷一七、一八。大致是與智顗的《釋禪波羅蜜次第法門》及《小止觀》相似，別無創見。

宗密的思想，與《圓覺經》及《大乘起信論》有密切的關係，故以唯一的真心為萬法的總體和根本。

9.黃檗希運（唐宣宗大中年間，西元八四七—八六〇年歿，年齡不詳）——他是百丈懷海的弟子。有一日，百丈懷海問希運：「你從什麼處來？」希運回說：「大雄山下採菌子來。」懷海再問：「見到老虎麼？」希運便做虎嘯聲；懷海拈起斧子做砍狀，希運便給懷海一掌，懷海吟吟而笑，即歸。上堂開示說：「大雄山下有一虎，你們諸人也須好好注意，我百丈老漢，今天親被咬了一口。」

他雖未見到馬祖道一，但於道一的大機大用，已經領會，所以懷海非常器重他，他說：「縱然有人雖見解齊於你，亦減你德的一半。」裴休在《傳心法要》的序中，評希運為：「其言簡，其理直，其道峻，其行孤。」這也正是禪者的風範。

(1)希運提倡「一心即佛」之義：《傳心法要》中說：「諸佛與一切眾生，唯是一心，更無別法。此心無始已來，不曾生，不曾滅，不青不黃，無形無相。……超過一切限量、名言、縱跡、對待，當體便是，動念即乖。……但是眾生，著相外求，求之轉失，使佛覓佛，將心捉心，窮劫盡形，終不能得，不知，息念忘慮，佛自現前。」又云：「如今學道人，不悟此心體，便於心上生心，向外求佛，著相修行，皆是惡法，非菩提道。」又云：「世人不悟，秖認見聞覺知為心，為見聞覺知所覆，所以不覩精明本體，但直下無心，本體自現。」又云：「學道人，若欲得成佛，一切佛法總不用學，唯學無求無著；無求即心不生，無著即心不滅。不生不滅即是佛。」又云：「迷自本心，不認為佛，遂向外求覓，起功用行，依次第證，歷劫勤求，永不成道，不如當下無心。」

(2)臨命終時的用心法：希運為裴休說有臨命終時的用心方法，與修淨土法門者略異：「凡人臨欲終時，但觀五蘊皆空，四大無我，真心無相，不去不來。生時性亦不來，死時性亦不去，湛然圓寂，心境一如，但能如是，直下頓了，不為三世所拘繫，便是出世人也。切不得有分毫趣向：若見善相，諸佛來迎，及種種現前，亦無心隨去；若見惡相，種種現前，亦無心怖畏，但自忘心，同於法界，便得自在。此即是要節也。」

(3)希運目中無禪師：希運批評馬祖道一的門下，雖然號稱有八十四人，但以希運看來，僅三、兩人得到馬祖的正法眼，故又曾對大眾說：「汝等諸人，盡是噇酒糟漢，恁麼行腳，何處有今日，還知大唐國裡無禪師麼？」並且批評牛頭法融，縱然是「橫說豎說，猶未知向上關捩子」。因為法融的禪，墮在「空」裡，尚難有大機大用的作為。

10.德山宣鑒——他是龍潭崇信的弟子，崇信則是天皇道悟的法嗣，道悟乃是石頭希遷的法嗣。宣鑒悟道的經過是這樣的：

有一晚，宣鑒侍立在崇信的室內，崇信說：「夜已深，怎麼還不下去？」宣鑒捲簾向外，見外面黑暗，又折回來說：「外面黑。」崇信點亮了紙燈給宣鑒，正當宣鑒用手接燈，崇信便把紙燈吹熄，宣鑒因此大悟，便作禮。又有一日，宣鑒去見溈山靈祐，來到法堂，從東至西，從西到東，看了一遍，便說：「無也、無也！」便走出去了，到了門口，又折回來說，不得如此草草，當具威儀，再入相見。才跨進門，提起坐具，便喚「和尚」，靈祐擬取拂子，宣鑒便是一聲喝，拂袖而出。溈山於當晚便向大眾宣稱：「此子已後向孤峰頂上，盤結草菴，呵佛罵祖去在。」

(1)無心無事：宣鑒的確非同常人，他多以棒打接引後學，並以菩薩比作擔屎漢，喚佛為老胡屎橛。反覆地宣說他「無心、無事」即是禪的主張，例如他曾開示大眾：「諸子，莫向別處求覓，乃至達磨小碧眼胡僧，到此來，也只是教你無事去，教你莫造作，著衣、喫飯、屙矢、送尿。更無生死可怖，亦無涅槃可得，無菩提可證，只是尋常一個無事人。」

(2)訶佛罵祖：這是一種破除經教名相、知見執著的方法，試看宣鑒的用語，極盡鋒厲之能事。

比如他說：「這裡佛也無，祖也無，達磨是老臊胡，十地菩薩是擔屎漢，等、妙二覺是破戒凡夫，菩提涅槃是繫驢橛，十二分教是鬼神簿、拭瘡疣紙，四果、三賢、初心、十地，是守古塚鬼，自救得也無，佛是老胡屎橛。」

「仁者，莫求佛，佛是大殺人賊，賺多少人，入婬魔坑；莫求文殊、普賢，是田庫奴！」「到處向老禿奴口裡，愛他涕唾喫，便道我是入三昧，修蘊積行，長養聖胎，願成佛果。如斯等輩，德山老漢見，似毒箭入心。」

「諸子！老漢此間無一法與爾諸子作解會，自己亦不會禪，老漢亦不是善知識，百無所解，只是箇屙屎、送尿、乞食、乞衣。」

(3)一切放下：宣鑒教人用功的方法是：「莫用身心，無可得，只要一切時中，莫用他聲、色，應是從前行履處，一時放卻，頓脫羈鎖，永離蓋纏。一念不生，即前後際斷，無思無念，無一法可當情。」

11.臨濟義玄（西元？——八六七年）——義玄是黃檗希運的法嗣，是臨濟宗的第一代祖師，他的門風，與德山宣鑒非常類似。

(1)義玄吃了三頓棒：他依止黃檗希運，經三年，便受第一座陳尊宿勸告，去向希運請問：「如何是佛法的大意？」但是他的話聲未了，便挨希運一頓打，陳尊宿令他再去問，結果又挨了一頓打，如此，問三次，挨打三次。他覺得和尚打他，必有深義，但他自恨障緣太重，不能領悟，所以向希運告辭他去，希運告誡他，只許到馬祖道一的嫡法孫大愚禪師處去。他問大愚：「我義玄三度問佛法的大意，三度吃棒，不知我義玄有過無過？」大愚聽了，便對義玄說：「黃檗恁麼老婆，為汝得徹困，更來這裡問有過無過！」義玄聽了，便於言下大悟，而說：「黃檗佛法無多子。」大愚問他：「見了什麼道理？」他竟在大愚脇下擊了三拳。回到黃檗希運處，說明了經過情形，希運說：「大愚老漢饒舌，待來痛與一頓（打）。」義玄則接著說：「說甚待來，即今便打。」隨後便給希運一掌。由於這樣的開端，使得義玄的宗風，活用禪機，棒喝並行，大有龍騰虎賁的氣象。例如《天聖廣燈錄》卷一〇關於義玄，有如下的記載：

師問僧：「什麼處來？」僧便喝。師便揖坐，僧擬議，師便打。師見僧來，便豎起拂子，僧禮拜，師便打。又見僧來，亦豎起拂子，僧不顧，師亦打。

其他，義玄訶佛罵祖，抨擊諸方宗師無禪可學，主張無事休歇等點，均與宣鑒雷同。

(2)臨濟四喝：常說德山的棒、臨濟的喝，他用「喝」的道理也各有不同：

師問僧：「有時一喝如金剛王寶劍，有時一喝如踞地金毛師子，有時一喝如探竿影草，有時一喝不作一喝用。汝作麼生會？」僧擬議，師便喝。

可知一喝之中，有死有活，有擒有縱，何止是寶劍與獅子，應該是有喝有用，千喝千用。如是瞎眼禪師，東施效顰，胡喝亂用，便要被義玄罵為「不識好惡的禿奴」了。

12.洞山良价（西元八〇七—八六七年）——良价及其弟子曹山本寂（西元八四〇—九〇一年），曹洞宗的創始者。良价的禪風，雖不行棒，卻能以一句話將人問殺；雖不放喝，卻能以一言破眾魔之膽。他以體用宛轉，事理雙明，森羅萬象，而見古佛之家風，坐、臥、經行，蹈絕對之玄路。以潛行密用，如愚如魯的主中之主，為其修行要訣。他參雲巖山的曇晟，聞「無情說法」之義而大悟，悟後有詩：「也太奇也太奇，無情說法不思議，若將耳聽終難會，眼處聞時方得知。」良价的思想，見於他的〈玄中銘〉及序，序中有云：

竊以絕韻之音，假玄唱以明宗；入理深談，以無功而會旨，混然體用宛轉偏、圓，亦猶投刃揮斤，輪扁得手，虛玄不犯，迴互傍參。寄鳥道而寥空，以玄路而該括。然雖空體寂然，不乖群動。於有句中無句，妙在體前；以無語中有語，迴途復妙。是以用而不動，寂而不凝。清風偃草而不搖，皓月普天而非照。

銘文極具文藝手筆，道出他的所見，比如「大陽門下日日三秋，明月堂前時時九夏。」「露地白牛牧人懶放，龍吟枯骨異響難聞；木馬嘶時何人道聽，夜明簾外古鏡徒耀。」「舉足下足鳥道無殊，坐臥經行莫非玄路。」「先行不到末後甚過，沒底船子無漏堅固。」等句，均是極高禪境的表現。

良价嘗說：「我有三路接人：鳥道、玄路、展手。」鳥行於空，所以其道無跡可循。玄路是指玄中之玄（〈玄中銘〉序有言：用而無功，寂而虛照，事理雙明之意謂之玄），主中之主的向上一路。展手是展開雙手接引學者，直入不生不滅的甘露門。可見其宗風，與臨濟義玄頗不相同。

13. 趙州從諗（西元七七八—八九七年）是南泉普願的弟子，自幼出家，沙彌時代即受普願器重，八十歲，始住山東直隸的趙州城東觀音院，生活枯淡，住院四十年，未嘗有一封信將他的清苦告知檀信。

(1) 三種態度接見訪客：《景德傳燈錄》卷一〇載，有一天真定府的元帥王公來訪，從諗坐在禪床說：「自小持齋身已老，見人無力下禪床。」王公更加禮重。第二天王公令其部將前來傳話，從諗卻下禪床來接待。等傳話的人走了後，侍者問他：「和尚見大王來，不下禪床，今日軍將來，為什麼卻下禪床？」從諗答稱：「這不是你能知道的，第一等人來，禪床中接待；中等人來，下禪床接待；末等人來，三門外接待。」

(2)不二之大道：據《古尊宿語錄》卷一三所載，有如下數條，可以見到從諗的思想：

問：「如何是佛，如何是眾生？」師云：「眾生即是佛，佛即是眾生。」

上堂云：「此事如明珠在掌，胡來胡現，漢來漢現。老僧把一枝草作丈六金身用，把丈六金身作一枝草用。佛即是煩惱，煩惱即是佛。」

師示眾云：「未有世界，早有此性，世界壞時，此性不壞。」僧問：「如何是此性？」師云：「四大、五蘊。」云：「此猶是壞底，如何是此性？」

師云：「四大、五蘊。」

(3)狗子無佛性：根據「一切眾生皆有佛性」的原理，狗子當然也有佛性，故當馬祖的弟子之一，興善惟寬（西元七五五─八一七年）被問到狗子有沒有佛性時，他說有，相反地倒說他自己無佛性，因為他說他亦非一切眾生、亦不是物。趙州常用「無滋味語」答人所問，比如有人問他：「萬法歸一，一歸何處？」他答：「我在青州作一領布衫，重七斤。」又有人問他：「如何是祖師西來意？」他答：「庭前柏樹子。」另有人問他：「狗子也還有佛性嗎？」他說：「無。」

「無」字本來與般若的空義相通，早為佛教所用，趙州從諗也沒有特別發揮「無」字的功能，從諗之後約二百年，五祖法演（西元一〇二四—一一〇四年）的語錄中，才初見「趙州無字」的公案，在這之先的公案集子如汾陽善昭（西元九四七—一〇二四年）的「先賢一百則」，以及雪竇重顯（西元九八〇—一〇五二年）的「百則頌古」，均未見到趙州的無字公案。可是到了大慧宗杲（西元一〇八九—一一六三年），極力推崇「趙州無字」。無門慧開（西元一一八三—一二六〇年）所集的《無門關》，共收四十八則公案，其開頭第一則，便是「趙州無字」。相信這是由於他們經驗到了參「無」字公案的效果快速而力量強大之故。

三、禪的轉變

唐末以後，中國的禪宗，已發展到了熟透的程度，由於如永明延壽（西元九〇四—九七五年）之以一百零八件行持為其日課，倡導持咒、念佛、禮佛、懺悔、行道、誦經等，綜合諸種修持，相對地反而偏輕了坐禪。於是，華嚴宗的圓融妙諦，成了禪思想的中心，此一圓融的觀念，便推動了禪淨一致、顯密同源的思潮。

從此，事相的細節，漸受重視，大道的全體倒被忽略了，例如汾陽善昭所設的三訣、三句、三玄三要、四喝、四轉語、四賓主、五位、六相等閑家具，都是些不相干的繁瑣之見。又有古則或公案的諷詠吟誦，也是發起於善昭的「先賢一百則」，使人從古則公案中，茫茫然、漠漠然地，捕捉古人的悟境。禪宗本以自心即佛，只向內用工夫，空去妄想執著，當下便是，此時則參禪念佛，求生淨土，作淨土觀；又兼行持誦〈大悲咒〉、〈尊勝咒〉等，以求靈驗感應。參禪者，多落於扮演而少實修實證，只知依樣畫葫蘆似地模仿著左喝右棒，豎拳舉拂，張口揚眉。往往是言超佛祖之上，行墮禽獸之下。所以真正的禪宗精神，已不多見。因此到了南宋時代，便有公案禪與默照禪之爭議產生，乃是為了挽救時弊而起的禪宗復興運動。

四、公案禪與默照禪

「公案」與「默照」，是兩種修行的方式，前者多用逼、用考、用口喝、用棒打；後者重視默然不動而又歷歷分明。故也可說，「公案」禪多用緊迫工夫，把學生逼得走投無路，而又非走不可；無開口處，而又非讓你開口不可。所以參「公案」，大多是教學生起大疑情，把妄想雜念，通通逼進死巷子裡，然後一網打盡。至於用「默照」工夫，多用鬆弛、用明晰，把妄想雜念，全部沉澱下去，使得心頭平靜如鏡，清明如月，沉寂如潭。這兩種方式，古來雖分臨濟的公案，與曹洞的默照，其實，佛法是修道者的公器，從來沒有人向誰申請過專利權，只要誰能用它，專用一種或兼用兩種，沒有誰說不可以的。現在依據古典中所論及的「公案」和「默照」的內容及涵義介紹如下：

（二）公案禪

1.《天目中峰和尚廣錄》卷一一之上：

公案乃喻公府之案牘。……夫佛祖機緣，目之曰公案亦爾，蓋非一人之臆見，乃會靈源、契妙旨、破生死、越情量、與三世十方百千開士同稟之至理也，且不可以義解、不可以言傳、不可以文詮、不可以識度。如塗毒鼓，聞者皆喪；如大火聚，嬰之則燎。故靈山謂之別傳者，傳此也，少林謂之直指者，指此也。

2.《碧巖錄》的〈三教老人序〉有云：

嘗謂祖教之書，謂之公案者，倡於唐而盛於宋，其來尚矣。二字乃世間法中吏牘語。其用有三：面壁功成，行腳事了，定槃之星難明，野狐之趣易墮，具眼為之勘辨，一呵一喝，要見實詣，如老吏據獄讞罪，底裡悉見，情欵不遺，一也。其次則嶺南初來，西江未吸，亡羊之岐易泣，指海之針必南，悲心為之接引，一棒一痕，要令證悟，如廷尉執法平反，出人於死，二也。又其次則犯稼憂深，繫驢事重，學奕之志須專，染絲之色易悲，大善知識，為之付囑，俾之心死蒲團，一動一參，如官府頒示條令，令人讀律知法，惡念才生，旋即寢滅，三也。

（二）看話禪

此即是公案禪的另一個名稱，又叫作「看話頭」。起源於臨濟宗下的大慧宗杲，宗杲先學曹洞，後學臨濟，結果，他對於曹洞宗的「默照禪」，極為不滿，而評為「默照邪禪」。所謂看話，是從一個個的公案，來勘驗修道者的見地程度，公案中的前人對話，均有不同的修證層次，從公案的表面看，和說明公案的內容，是多餘的，要看公案中的主題的內涵是什麼，才是看話工夫的目的。所以，在未得親自悟透之前，公案僅是一種工具，悟透之後，才能發現其活活潑潑的精神所在。親自悟透禪宗祖師們的過去發生過的開悟的案例，用知識的推理或想像，不能達成目的，必定要對公案中的話題，起大疑情，只發問而不能自行以推理方式來求取答案。根據大慧宗杲的自述，關於看話禪的功用是：「但將妄想顛倒底心、思量分別底心、好生惡死底心、知見解會底心、欣靜厭鬧底心，一時按下，只就按下處，看箇話頭。僧問趙州，狗子還有佛性也無？州云無。此一字子，乃是摧許多惡知惡覺底器仗。」

宗杲於抨擊「默照邪禪」的同時，提倡了「狗子」、「佛性」等看話頭的用功方法，以看話頭來摧破思慮情識，使得修行者在突然間，達到大悟徹底、平等一如、不即不離的自在境界。到了中峰明本（西元一二六三——一三二三年），經常所提的話頭是：麻三斤、柏樹子、須彌山、平常心是道、雲門顧、趙州無等。據《天目中峰和尚廣錄》卷一之下云：「或謂傳燈錄，一千七百單一人，皆是言外知歸，迎刃而解，初不聞有做工夫看話頭……謂看話頭做工夫，固是不契直指單傳之旨，然亦不曾賺人落草，最是立腳穩當，悟處親切。縱使此心不悟，但信心不退不轉，一生兩生，更無不獲開悟者。」

因此，更有人主張：「抱定一句話頭，堅挺不移，若不即得開悟，臨命終時，不墮惡道，天上人間，任意寄居。」

可知，看話頭、參公案，乃是禪宗的利器，在中國的南宋以後的禪宗諸祖，大抵多用此法，所謂「參禪」二字，即從看話頭、參公案的方法而來。

（三）默照禪

默照禪的禪風，倡自曹洞宗下的宏智正覺（西元一〇九一——一一五七年），他與主倡看話禪的大慧宗杲，活躍於同一個時代，而且旗鼓相當。後來由道元禪師傳去日本的「只管打坐」的方法，即是承襲了默照禪的遺風。根據《宏智禪師廣錄》卷八所收〈默照銘〉，看到默照禪的內容是這樣的：

默默忘言，昭昭現前；鑒時廓爾，體處靈然；靈然獨照，照中還妙；露月星河，雪松雲嶠；晦而彌明，隱而愈顯；鶴夢煙寒，水含秋遠；浩劫空空，相與雷同；妙存默處，功忘照中；妙存何存，惺惺破昏；默照之道，離微之根；徹見離微，金梭玉機；正偏宛轉，明暗因依；依無能所，底時回互；飲善見藥，檛塗毒鼓；回互底時，殺活在我；門裡出身，枝頭結果；默唯至言，照唯普應；應不墮功，言不涉聽；萬象森羅，放光說法；彼彼證明，各各問答；問答證明，恰恰相應；照中失默，便見侵凌；證明問答，相應恰恰；默中失照，渾成剩法；默照理圓，蓮開夢覺；百川赴海，千峰向岳；如鵝擇乳，如蜂採花；默照至得，輸我宗家；宗家默照，透頂透底；舜若多身，母陀羅臂；始終一揆，變態萬差；和氏獻璞，相如指瑕；當機有準，大用不勤；寰中天子，塞外將軍；吾家底事，中規中矩；傳去諸方，不要賺舉。

其實，靜坐時用默照的工夫，與把頭腦變成一片空白的情形，完全不同，如果是落於呆若木雞似的靜態，固然是「默」了，但卻沒有「照」的作用。所以，默照與天台的止觀相類似，與禪宗第三祖僧璨的〈信心銘〉所言：「絕言絕慮，無處不通；歸根得旨，隨照失宗；須臾返照，勝卻前空。」的宗旨相通。也與永嘉玄覺（西元六六五—七一三年）在〈奢摩他頌〉之中所說的：「忘緣之後寂寂，靈知之性歷歷，無記昏昧昭昭，契真本空的的。惺惺寂寂是，無記寂寂非，寂寂惺惺是，亂想惺惺非。」（《禪宗永嘉集》）不過宏智正覺，將前人的方法，另從體與用、理與事、動與靜、空與有、明與暗、能與所（主與賓）等，各各宛轉回互的關係運用，來說明達到「殺活在我」大自在、大活潑的悟境。

（四）優劣的比較分析

看話與默照，究竟何者優而何者劣，很難說。大致而言，修行的方法，可有鬆與緊的兩門，平常生活緊張、心神勞累的人，初入修行法門，宜用鬆弛；平日生活懶散、心神浮動的人，初入修行法門，宜用緊張。而大慧宗杲的公案話頭，逼拶緊迫，正是用的緊法；宏智正覺的「默照靈然」，正是用的鬆法。雖然不能僅以鬆、緊二字說明默照與看話兩派，但用鬆、緊二類來給它們做區別，應該是正確的看法。大慧宗杲批評默照工夫為邪禪，原因是：「士大夫為塵勞所障，方寸不寧怗，便教他寒灰枯木去、一條白練去、古廟香爐去、冷湫湫地去，將這箇休歇人，爾道，還休歇得麼？殊不知，這箇猢猻子不死，如何休歇得？來為先鋒，去為殿後底，不死，如何休歇得？此風往年福建路極盛，妙喜（宗杲的別號）紹興初（西元一一三一年）入閩，住（妙喜）菴時，便力排之，謂之斷佛慧命。」（《大慧普覺禪師普說》第五下）

用默照的方法，如果是個好逸惡勞的人，就很可能變成「冷湫湫地」、「寒灰枯木」，所謂一頭鑽進了「無事窟」中，粗重的妄想雜念是不見了，定境不現前，智慧的光芒，也永遠透不出來，所以被指為「斷佛慧命」的「邪禪」。不過，世上的確有人須用鬆弛的方法，如能做到「晦而彌明，隱而愈顯」，「惺惺破昏」，「正偏宛轉，明暗因依」的程度，久而久之，自然也會達到「蓮開夢覺」而且「透頂透底」的悟境。因此，宏智正覺也批評「看話石頭」，說看話頭的方法，只有冥頑不靈的石頭才使用，使用之後仍舊還是石頭。

這從歷史的演變上看，大慧宗杲的宗風，仍舊沿著六祖惠能所提倡的：「外於一切善惡境界，心念不起，名為坐；內見自性不動，名為禪。」又說：「道由心悟，豈在坐也。」修行禪宗的頓悟法門，端在達到「外離相」、「內不亂」的程度，便可「自然得入清淨心體，湛然常寂，妙用恆沙」了（以上均見於《六祖壇經》）。可見，如何達到頓悟的目的，是重要事，至於要不要經過長期的坐禪訓練，並不是關鍵所在。因此，用棒喝、用話頭、參公案，都是活潑潑的點發、引動、撥開學者心性之門而放射智慧之光的方便法門，當在用這種方法觸動激發而產生效果之時，常使學者有大汗淋漓或天崩地裂般的震撼之感，所以這是一種很積極、很直接、很快速的法門。但是，如果遇到一些聰明的讀書人或懶散鬼，就很容易投機取巧，受著公案的暗示，往往欺騙他們自己又欺騙他人，認為他們也達到了某種程度的悟境，談心說性，目空一切，將其行為放蕩，視成殺活自在。以致形成談論公案的人愈多，體悟禪味的人便愈少。禪宗本來「不立文字，直指人心」，這些人卻天天賣弄公案，玩耍話頭，徒逞鋒利的口舌，沒有一絲真修實悟的工夫，這是非常可憐的事。

宏智正覺是投子義青的第四傳，義青本身，雖然也以參了三年「外道問佛，不問有言，不問無言」的話頭而開悟，但他終於反對惠能的禪風，回歸到菩提達摩的禪風，強調「法離文字」。將修行的方法，轉回到如北宗禪師們所主張的：

「欲得會道，必須坐禪習定，若不因禪定而得解脫者，未之有也」（《六祖壇經》句）的看法上去。宏智正覺的「默照禪」，其實即是為了糾正一般的狂禪或野狐禪的最好方法，所以他的〈默照銘〉開頭就指明：「默默忘言，昭昭現前。」既不用假借語言文字，心中仍是朗朗分明，故與枯木死灰，不可同日而語。

總之，不論「默照禪」或「看話禪」，只要用之得宜，都是好方法，但看修道的人，有沒有明師指導。事實上，有些人是需要兩種方法交互並用的，在太鬆時，要用緊法，太緊時，要用鬆法。即在看話頭的方法上，也有鬆法，在「默照禪」的工夫上，也有緊法。方法是死的，應用是活的。不能一定說，哪一種好或哪一種不好。正覺禪師的「默照禪」以及日本道元禪師的「只管打坐」，主旨在於先用修習禪定的基本方法入手，打好定的基礎的同時，止觀雙運、明暗回互，智慧自然現前。故在正覺禪師的〈坐禪箴〉中也說：「曾無分別之思，其知無偶而奇；曾無毫忽之兆，其照無取而了。」也就是說，心無分別，所以能定於一；沒有得失取捨，所以透徹自在。這乃是定與慧的寫照。所以，道元禪師的悟境，稱為「身心脫落」，身脫落，即感到輕安無累，是定力現前；心脫落，即煩惱頓消，是智力現前。此乃是一種非常實際有用而又安全的修行法門。

假如遇到明師指導你修行的話，看話頭、參公案，便能使你疾速頓悟，自性現前；用默照的工夫，也能使你身心脫落，定慧頓成。假如沒有明師指導，則看話頭者，可能變成輕狂的野狐，修默照者，可能墮進冷湫湫的黑窟之中。此兩者，都是障礙你步入悟境的魔事與魔境。所謂明師，至少要具備兩個基本條件：1.修行及實證的經驗，2.對於佛法所持正確的知見。兩者相較，知見的正確與否，尤其重要，禪宗的人常說「貴見地，不貴行履」，因為有了真知灼見的人，不會誤將魔事當佛事，不會為你帶錯了路。而且，真見地，必定是從實際修行的證驗中得來。所謂明師難求者，原因在此。

禪的悟境與魔境

一、悟境是什麼

一般尚未修行或者雖已修行而仍未得門徑、未得實際經驗的人，總喜歡談論悟境，企求悟境，對於悟境產生好奇心或猜測與想像。其實，悟境的確是有的，但卻不是以企求心、好奇心所能得到的，以猜測和想像來揣摩悟境，則你永遠無法了解悟境是什麼。「開口即錯，動念即乖」，若用思想、知識、語言、文字、邏輯推理等方法來解釋說明悟境，便與悟境的本身，愈離愈遠。所以在禪宗的歷代祖師們，儘管有了極深的悟境，但卻絕少將他們的悟境用文字形容出來。唯從他們悟後所說的法語或銘文、歌偈之中，體會到一點他們所悟的是什麼；那也唯有有了相當證悟經驗的人，始能看到文字背後所藏的是什麼。例如三祖僧璨的〈信心銘〉，梁末亡名的〈息心銘〉，牛頭法融的〈心銘〉，傅翕的〈心王銘〉，石頭希遷的〈參同契〉，永嘉玄覺的〈證道歌〉，清涼澄觀的〈心要法門〉，洞山良价的〈玄中銘〉，宋代廓庵師遠的〈十牛圖頌〉等，大致均係對於悟境的文字反映。其中的〈十牛圖頌〉，可以算是較為明確地指出了一個禪者，由修行開悟而再入世化眾的心路歷程。由於各人所悟的深淺不同，他們所道出的悟境也自不同，所以雖皆可做為通向悟境的指路牌，並不一定能夠看作悟境的終點站。在一無憑藉、又無法想像的情形下，讀誦、講解那些古代大禪師們的文字，仍然極其有用。現在分別介紹〈十牛圖頌〉以及太虛大師的悟境如下：

（一）〈十牛圖頌〉

所謂《十牛圖》，就是以十幅圖畫，表現一個修行者，像一個牧童一樣，如何把自己的本來風光或露地白牛——天然妙心或般若佛性，顯現出來，把煩惱執著逐漸克服，發揮自然妙用的化世功能。這雖不是每一個修行者，都會經過或必須經過的十個階段，但已可以由此而略知修行過程的一些消息。

1. 尋牛——圖中畫著一個人，手裡拿著牛繩，奔向郊外，尋找他的牛，但他尚不知牛在何處。此是吾人發覺了自己被困於煩惱虛妄之中，迷失了自己的本來面目的自性之牛，也就是對於見性開悟的事，已經有了追求嚮往之心，開始用功修行的階段。其頌文，即是用心修行的情況，是這樣的：

忙忙撥草去追尋，
水闊山遙路更深；
力盡神疲無處覓，
但聞楓樹晚蟬吟。

（一）尋牛圖

在這階段的修行者是很苦悶、很急躁的，往往會發現比未修行時的煩惱更多。

2.見跡——圖中的人，漸漸地發現了他的那條自性牛的足跡。此係吾人在看經聞教，依經解義之後，確信自己必有尚未發現的佛性在，更會從修行之中，感覺到自己決定有開悟見性的可能。

水邊林下跡偏多，
芳草離披見也麼；
縱是深山更深處，
遼天鼻孔怎藏他。

（二）見跡圖

這是說在水邊林下苦修苦參之後，時斷時續的妄想心，漸漸平靜，便相信自己在妄想心完全斷絕時，自性之牛，定然顯現。

3.見牛——圖中的人，循著牛跡的方向走去，聽到了牛鳴聲，也見到了那條牛的後半個身子，顯現在一棵大樹的側面。此即依照正確的方法以及正確的知見修行之後，達到了見到自性之牛的目的；但尚未能掌握控制這個開悟見性的情況，只要稍有干擾，這條清淨無染的心牛，又會被妄想雜念的草叢及樹林所遮掩起來。頌文是：

黃鸝枝上一聲聲，
日暖風和岸柳青；
只此更無回避處，
森森頭角畫難成。

（三）見牛圖

這是說，妄想雜念漸少漸滅，心念寧靜，漸漸清明，所以毫無疑竇地自信已見到了自性之牛；但對這條心牛的面貌，尚無法清楚地看得分明，而且隨時尚有再度被它走失的可能。

4. 得牛——圖中的人，已把繩索，牽住了牛；但是牛性還是很野，企圖著掙脫牛索的控制，所以牧牛人必須加以鞭策和調伏。這是說修行者雖已親自證悟了自性的全體，但其由於煩惱的習氣以及環境對他的誘惑與影響，依然存在，唯恐再度回復到未悟之前的情況中去，所以要更加精進地策勵用功。頌文是：

竭盡神通獲得渠，
心強力壯卒難除；
有時纔到高原上，
又入烟雲深處居。

（四）得牛圖

這是說，用盡了氣力來修行，好不容易總算是開了悟，見到了自性，但是仍有強大的煩惱潛力，一時間不易清除，好像是從煩惱的深谷之底，好不容易爬上了高山的頂上，有時候仍有煩惱的煙雲，籠罩到你的停身之處一樣。

5. 牧牛——圖中的人，小心翼翼地拿著牛鞭，握著牛索，控制著一條野性未服的牛，如有一個疏忽，這條牛仍有走向路邊的田裡偷吃幾口莊稼五穀的可能。此是說明吾人在開悟之後，不可掉以輕心，不要太高興，必須小心謹慎地繼續不斷地，去做調伏煩惱、收攝妄心的工夫，否則，煩惱未除，隨時仍會有貪、瞋、癡等的事情發生。頌文是：

鞭索時時不離身，
恐伊縱步入埃塵；
相將牧得純和也，
羈鎖無抑自逐人。

（五）牧牛圖

如果不能以戒慎恐懼之心，來照顧自己已經得到的悟境，很可能仍會回到舊日的煩惱之中；如果把自己已得的悟後心境，照顧得很好的話，戒律的規定與禪定的功力，便會自然而然地，成為修行者的日用物了。

6. 騎牛歸家——圖中的人，騎在一條已經馴服的牛背上，將牛索輕鬆地繫在腰間，雙手拿著橫笛，吹奏著悠閒的牧曲。這是說明經過一段時日，做完調心的工夫之後，煩惱妄想，已經完全被修行者調伏，心頭不再有染汙的妄念蠢動，乃是一片純和明朗的景象，漸漸地要回到純淨無染的心境中去了。頌文是：

騎牛迤邐欲還家，
羌笛聲聲送晚霞；
一拍一歌無限意，
知音何必鼓唇牙。

（六）騎牛歸家圖

修行者到了這個階段，漸漸地走向不生不滅的自性的老家，一路上心中明明白白地能夠感受到自己的身心和自然環境的存在，那些經過五官而被他感受到的每一種事物，無不充滿著用語言所無法形容，也不必用語言來描述的佛法的深意，真是有情無情皆吐廣長舌相，有聲無聲無非天鼓妙音。

7.忘牛存人——圖中的人，已經回到自己的老家，忘卻了他曾經騎過的牛，非常自在舒適地坐了下來。也就是說，修行者到了這個階段，已經住定，無煩惱、無是非、無妄心可調，那個可調的妄心已經不見，真的已到了《六祖壇經》所說「憎愛不關心，長伸兩腳臥」的程度。此時，煩惱心沒有了；沒有煩惱的那個人，他雖已經沒有外境和內境的分別，也沒有煩惱和菩提的執著心，但他尚清清楚楚地覺得有個主觀的自己存在。頌文是：

騎牛已得到家山，
牛也空兮人也閑；
紅日三竿猶作夢，
鞭繩空頓草堂間。

（七）忘牛存人圖

自性本來清淨，一旦妄想心消失之後，清淨的自性立現，既是絕對清淨便無一物可見，所以當自性呈現之後，自性這樣東西是不可名狀的，因為普遍地存在於內及外，正如魚在水中，不覺有水，人在空氣中，往往忽略了空氣的存在。此時無妄心之牛可牧，所以變成了心中了無一事可做的人。

8.人牛俱忘——圖中只畫一個圓圈，圈中空無一物，牛不見了，牧牛的人也不見了。牛是自性，人是體驗到自性的修道心，既體驗到自性的普遍存在，便消失了對於自性的相對之感受，進入絕對的完全統一的心態時，各別的主觀意識也跟著消失，所以既不見牛，也不見人，無賓無主，賓主渾然一體，那只是一種充實、滿足、究竟、徹底的存在。凡夫聖者無蹤跡，眾生與佛悉皆空，沒有煩惱可斷，也無菩提可成。頌文是：

鞭索人牛盡屬空，
碧天寥廓信難通；
紅爐焰上爭容雪，
到此方能合祖宗。

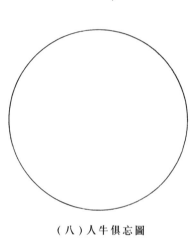

（八）人牛俱忘圖

這是言語道斷、心行處滅的階段，沒有信息可以互通，因為根本用不到心思度量，也無法用心思度量來表示它和說明它，名為不可思議的境界。

9.返還本源——圖中畫著一塵不染的翠竹與黃梅、青山及綠水，表示從絕對統一的定境，返照現實的生活，心雖不動而智力湛然明澈，朗照一切而不為任一事物動煩惱心。春來百花爛漫，秋到千山紅葉。月白風清，心如明鏡，映照萬物，而不變其清淨的自性。一切萬物，亦無非是本然清淨的諸佛法身。頌文是：

返本還源已費功，
爭如直下若盲聾；
庵中不見庵前物，
水自茫茫花自紅。

（九）返還本源圖

圖中有客觀的景物，沒有主觀的人，雖然山還是山，水還是水，卻已不是未曾用功修行之前所見的山和水，山和水雖仍相同，卻已沒有會被山水景物打動心念的「自我」了。既已不會因了聲、色而動分別執著的煩惱妄心，所以如聾如盲，視可見卻不動心，聽可聞卻不動心，食知其味卻不動心，庵前庵後的花紅水綠，也只是自然景物的自然存在，既不拒之於心外，也不納之於心內，此即面對森羅萬象，於心了無罣礙，所謂解脫、所謂自在，由此可以略窺消息。

10. 入鄽垂手——圖中畫一個灑脫自在而提著一隻布袋的和尚，面對著一個瘦弱貧苦的乞丐，和尚做布施，乞丐求布施。這是說明修行者於成就了道業並且得到解脫自在之後，便會自然生起廣度眾生的大慈悲心，這是向上自求解脫之後的必然結果，不假意志，不循理想，不是為了什麼使命，只是自然而然地從個人的修行生活之中，走向協助他人的行動中去而已，所以在其本身不名為救世化眾，只是一種出自天真的遊戲三昧。頌文是：

露胸跣足入鄽來，
抹土塗灰笑滿腮；
不用神仙真祕訣，
直教枯木放花開。

（十）入鄽垂手圖

這完全是一幅表現天真自然、灑脫自在、不形式、不著俗儀的神通妙用的圖畫，脫俗而不厭俗，入俗而不著相，充滿了大解脫、大慈悲、大智慧、大神通的活力。禪宗不以一般所說的神通為然，但是你如一旦能從煩惱的束縛之中，得到連根拔除的大解脫之時，不著一切人我、善惡、凡聖、染淨等的分別相之際，心得自在，身體也會自在，身外的一切也會由你自在地轉變它們，所以，頑石能夠點頭，枯木真會開花。這不是神仙的咒術，也不用神通的祕訣，僅是自然而然發生的事。

這以上的《十牛圖》，所表現的悟境的階段及其現象，是我根據圖形及頌文而做的敘述，大致可供渴望知道悟境是什麼的讀者做一個參考。事實上的開悟層次，乃是因人而異的，《十牛圖》所示的，不一定就是一個標準的次第。因為有的人一悟再悟，悟上數十次，乃至不知其數，可能每次的悟境程度都差不多，只是一次又一次地重溫以前曾經得過的經驗；有的人初悟與再悟，就有了淺與深的感受；多數的人初悟不會太深，有些善根深厚、根機很利的人，初悟就可能悟得相當地深。

（二）太虛大師的悟境

太虛唯心（西元一八九〇—一九四七年）未以禪者自居，實際上他是從事於教義的弘揚以及教育僧青年的工作者；但他之所以成為一代的大師而能為法忘軀，奔走呼籲，席不暇暖，就是因為他在修證上有了經驗的緣故。現在試舉太虛大師的三次悟境如次：

1. 在他的自傳中，當他十九歲那一年（西元一九〇八年），他在慈谿汶溪的西方寺，閱讀《大藏經》中的《大般若經》而得的悟境如下：

> 積月餘，《大般若經》垂盡，身心漸漸凝定。一日，閱經次，忽然失卻身心世界，泯然空寂中，靈光湛湛，無數塵剎，煥然炳現，如凌虛影像，明照無邊。座經數小時，如彈指頃；歷好多日，身心猶在輕清安悅中。

因此，他又取《華嚴經》閱讀，恍然覺得《華嚴經》中所說，皆是他自己心中現存事物的境界。伸紙飛筆，隨意抒發，每日數十張紙，累積千萬字。自此，所有有關禪宗語錄帶給他的疑難而不可解釋的問題，此時一概冰釋，心智玲瓏透脫，了無滯礙。以往所學的佛教教義，以及教外的世俗、知識、文字，均能隨心活用。

2.在他二十八歲的那一年（西元一九一六年），又發生了一次悟境，據他的年譜所錄，看來應比第一次的更好：

> 是年冬，每夜坐禪，專提昔在西方寺閱藏時悟境，作體空觀，漸能成片。一夜在聞（普陀山）前寺開大靜的一聲鐘下，忽然心斷。心再覺，則音光明圓無際。從泯無內外能所中，漸現能所內外、遠近久暫，回復根身、座、舍的原狀。則心斷後已坐過一長夜；心再覺，係再聞前寺之晨鐘矣。心空、際斷、心再覺、漸現身、器，符《起信（論）》、《楞嚴（經）》所說。從茲，有一淨躶明覺的重心為本，迥不同以前但是空明幻影矣。

3.當他三十二歲那年（西元一九二〇年）的十一月十四日的晚上，編完《楞嚴經講義》，「此夕旋聞稍坐，忽覺楞嚴義脈，湧現目前，與唯識宗義相應。」

如果將太虛大師的三次悟境，與《十牛圖》的階段層次對比，便很難明確地指出，究竟如何地配合，才算恰當。第一次的悟境中，雖然時間的感受非常地輕微短暫，空間的感受卻更為明顯廣大，而且在那無際的空間中，尚有像《華嚴經》中所說無量刹土的凌虛影像，及明照無邊的湛湛靈光。只能說，此時的太虛大師，已得一心不亂，由一心的定境而顯映出無邊的空間，卻好像是失去了時間；時間的感受，不是完全沒有，只是極為快速。這是相對的，空間的感受愈遼闊，時間的感受便愈短促。由定境而見到光明無際，身心輕安愉悅，這是必然的現象。可見此次的悟境，尚不是「無心」，所以不能算深悟。

第二次的悟境，「心空際斷」，也就是當他對時間與空間的感受，完全中止，再恢復到他的感覺世界時，已經過了一長夜。是見到本然自性而到達「無心」的程度了。從此，太虛大師，才有一個非常清淨、非常光明的重心，做為他為人處世的依據或原動力。真正改變了他的氣質、淨化了他的人格，使他完成了一個偉大僧侶的模範。

第三次的悟境，是從靜中得到的一種智慧力，因為他已有過定境及悟境，凡需要用直覺的觀照來決斷和判別的時候，自然會有所謂神來之筆似的思潮湧現，但那現象的本身，並不是定，也不是悟。

總之，悟境是因了修行者的功力不同和根器差殊而有千差萬別，不可以某一個人的經驗，做為衡量一切人的尺度。但其有一個不變的原則：當悟境顯現之後，他的自我中心的自私、驕傲、自卑等的心理現象，必定會相對地減少，最好少到不但他人感覺不到他有煩惱，連他自己也很少感覺到他還有這些煩惱。通常的修行者，並未見性開悟，僅是將散亂的妄心，暫時得到片段時光的休息，甚至尚未得到一心不亂的階段，便有見到光明，感到輕快，不期然而然會流淚哭泣、或啼或笑，有一種已經從煩惱中得到了解脫的錯覺，自以為已經開悟，已經見性，或者自以為已與唯一的神親自交通，乃至已是唯一的神的全部了。因此而意味到自己即是上帝，或是上帝的化身，或是上帝的使者，負有救世的使命。像這一類的修行者，個人的自私已消失，神性的自大和驕傲卻代之而起，至少也會感覺到他們自己不是凡夫，應該已和凡夫有別的心態會油然而生。像這種情況，以禪的立場而言，決定不是見性的悟境，最多只是定境，甚至連初禪的程度也未進入。

二、開悟的條件

我在美國有一個學生，他是基督教的資深牧師，跟我學了一段時間的打坐方法，對我所教的初步方法都很有用，後來也參加了禪七，他總以為他的熱心和努力，照著我教的方法修行，開悟的可能性要比一般的人為高，結果，七天的禪七打完，他的確有不少進步，而且也有一些頗為神奇的感應，就是沒有開悟。因此問我，基督教所說的「重生」是否相當於禪宗的開悟，因為他是先有了重生的經驗而決定獻身於上帝，做牧師的。我告訴他，開悟，英文的 enlightenment 這個字，今日在世界上的許多宗教都在用它，如果以基督教的立場或尺度而言，「重生」應該就是開悟；但在禪的立場，就不能算是開悟了，而且也不好比較、不必比較，因為基督教是藉信者的虔誠心和神的感應力的溝通，能使信者發生「重生」的心理現象——感恩上帝的寵愛，悔悟自己的罪行，使一個人變為誠實、謙虛而又狂熱地保護他的信仰及宣傳他的信仰。禪則不然，禪的工夫，主要是由戒、定、慧的基礎上發生的。最初是有，接著是空，最後則連空、有的對立觀念也要空掉，禪宗稱它為「無」。基督教中雖然也有一派神祕主義者，修行苦行及冥想默禱，然總不像禪宗之主張修行法門的重要，禪宗在修行之先的準備工夫，非常重要，修行中必須注意的事項也不少，此可從明末蓮池袾宏所輯的《禪關策進》一書中知其梗概。

四大通則

所謂通則，是綜合諸家之說，對於禪的修行者所做的共通要求。也就是說，若不遵守如下的四項原則，要想得到禪的心髓，乃是非常不容易的。

1. 大信心——建立堅定不移的信心，可從兩方面著手：一是從對於佛法的理解或認識方面開始，如你確已被佛法的廣大精深所吸引，你便會對它產生信心，而做進一步的實際修行。二是從對於佛、法、僧三寶的接觸並已實際上體驗到了它對你確有大益，你更會由感激、感謝、感恩而油然地生起信心。信心中包括兩個項目：

(1)信三寶：三寶中的佛，是首先將其經過長期修持後所得的開悟的方法，以及從悟境中產生的智慧的語言，毫無保留地告訴了我們，那些修行方法及智慧的教訓，便是法寶，一代一代切實地修行佛法並且傳播佛法的人，便是僧寶。僧寶之中，將佛法傳授給你或用佛法來指導你修行的人，便是你的師父（master），師父屬於僧寶，他卻具體地代表並象徵著三寶的全部，故在唐代的禪宗初期的寺院，不建佛殿，獨設法堂，師父（被稱為堂頭和尚或自稱為老師）便是一寺的中心，他是被全寺大眾所依止並實際信仰的對象。

三寶之中以僧為對象，以法為重心，以佛為根本，缺一不可，而以你的師父最要緊，所以信三寶，必須信師父，師父並不是那個教授你佛法的人，而是他所教授你的佛法的正確性和崇高性，因為佛與法是抽象的，師父代表著三寶，乃是具體和實際在你面前出現的。如對師父未能有十分的信心之前，修行要想進入悟境，是相當難的。

法寶雖是抽象的，它的理論觀點卻是非常明確的，佛法（dharma）的基本理論是「因果」及「因緣」。所以，信仰佛法的基本要求，便是要信因果、信因緣。深信因果，才不會對自己的努力失望，也不會對他人的成就生妒嫉心。有努力必有成就，若未見有顯著的成就，那是表示努力的程度尚不夠，現今的努力，加上前世的努力，方是努力的總和。深信因緣，方能接受「空」的道理，唯有空去了對於一切事物的虛妄執著，才能從自私的小我及驕傲的大我，得到解脫；否則，你的信心，跟凡夫執著自私的小我，外道的宗教家執著神性的大我相同，無法進入禪的悟境。

(2)信自己：深信自己的本性與諸佛的佛性，完全一樣，只要努力修行、精進不懈，一定能夠明心見性，那個便是清淨無染的諸法空性。如果自信不足，修行仍然有用，增長善根，漸漸地建立起自信心來。

2.大願心——在修行之前，在修行期間，必定要發起大願心來。願有通願及別願，通願是〈四弘誓願〉，凡是學禪的人，若不發〈四弘誓願〉，縱然得定，也不能得禪；別願則除〈四弘誓願〉之外，另外隨著個人的心願如何便發何願。所謂〈四弘誓願〉是：

(1)眾生無邊誓願度：禪的修行者，目的在於放下自私的小我及驕傲的大我，所以修行一開始，就要發願度眾生，自己修行固是為了廣度一切眾生，也願一切眾生皆因佛法得度生死苦海。

(2)煩惱無盡誓願斷：度眾生，必須自除煩惱，同時也助他人斷除煩惱。生死之苦，是從煩惱產生，煩惱不外來自個人的心理的、生理的、社會關係的和自然環境的。人有種種因緣的種種煩惱，然以心理的煩惱為其根本，所以發願斷煩惱的願力，其本身就是一種最好的斷除煩惱的方法。

(3)法門無量誓願學：做為個人修行的方法，應當一門深入，不宜雜修雜行。一門深入，只要方法的本身沒有錯誤，持久修行，必有效果；雜修雜行，能夠成就善業，不易成就解脫業。但在任何一門修行方法之中，也必含有無量法門，同為修行禪的方法，禪雖以無門為門，由於眾生根機，千差萬別，禪機的運用，也是因人而異，因時而異，因地而異。所以，為了自度以及度人，必須博學無量法門。

(4)佛道無上誓願成：以無量法門，斷無盡煩惱，度無邊眾生之後，無上的佛道，也必自然成熟。所以禪的修行者，以度眾生為最要緊，誓願成佛乃是最後的目標。

以上的四大弘願之中，實已包括了做為一個偉大的禪者所應具的各種條件；能度無邊眾生，是大慈悲行；能斷無盡煩惱，是大勇猛行；能學無量法門，是大智慧行；能成無上佛道，是大無畏行。

3.大憤心——即是大精進心，此係從大慚愧心引起，自覺業重、障多、善根淺、福薄無智，所以，迄今尚在生死的苦海中浮沉。人身難得，佛法難聞，明師難遇，如今幸得人身，既逢佛法，又遇明師，若不及時盡力修行，人命無常，僅在呼吸間，一失人身，千劫難復，所以要痛下決心。如釋迦世尊，已到最後身菩薩的位子，在菩提樹下，開悟之前，仍得發大憤心，而說：「若不成無上正等正覺，絕不再起此座。」何況我們是初學的禪者呢？唯有發了大憤心，始能克服一切心身的障礙，不再擔心一切的痛苦，不再驕縱自己、原諒自己，而把心力專注在所修的方法上。

4.大疑情——生死未了，如喪考妣，悟境未現，如糞中之蛆；悟境不透不深，生死依然不能了脫。悟境本身即是智慧，未悟之前，不知悟是什麼，也無法揣摩智慧是什麼，雖然有一對肉眼，對於智慧的領域，仍如一個生來的盲者，跟前只是一團漆黑，如處黑漆桶中，桶外的世界固然茫然不知，桶內是什麼，也無從識別。雖然從佛法的理論上，已理解到「無」或「空」的定義，「無」與「空」的實際情況，自己尚沒有身歷其境，尚沒有親自經驗。所以要用修行的方法，來達到經驗這個悟境的目的。

大疑情，便是用一句話頭，比如「什麼是無？」又如「萬法歸一，一歸何處？」又如「未出娘胎前的本來面目是什麼？」或如「念佛的是誰？」等。緊緊把握住一句話頭，不用思想，不借外緣，不得間斷，不能疏忽，一直問下去，好像一口咬著一個滾燙的糯米團，或像魚骨梗在喉頭，既不能吞下，又吐不出來。久久，工夫自然成片，一旦思言路絕，心識頓斷之時，悟境便在你的面前出現了。

三、魔境是什麼

所謂魔境，是指修行過程中的種種障礙、困擾、誘惑、打擊等。也就是惡魔擾亂修行者的現象，稱為魔境。事實上凡是美舉，多有阻力，克服了阻力而後完成的美舉，則當更美。凡有佛事，當有魔事相伴，無魔障則不能顯出修行佛道之不易，無魔事也無從鍛鍊修道心的堅定。可知，雖然人皆厭惡魔障，做為一個偉大的禪者，不唯不懼魔障，而且要感謝魔障的光臨。當然，對於初心的禪者，魔障是惱人的事，如果多了，就很容易使人放棄修行。

魔境大致可分作兩類：

（一）身心反應的魔境

由於生理及心理的不能適應修行的要求，或者由於打坐用心，而使得身體的某些部分發生疼痛、奇癢、痲痺、或冷或熱、或舒適異常，使得修行者，無法繼續用功。有時候由於疲倦、昏沉、煩躁，也使得修行者，無法繼續用功。凡是參加過禪七修行的人，幾乎都曾有過上述的魔境，有的人在打坐一天下來，就有心灰意冷之感，因為不用功尚不見心散亂心昏沉，一打坐竟發覺自己是一個無法控制自己身心的人，不是散心不斂，便是昏沉不明，有時雖覺得無甚雜念也非昏沉，卻在一片空白的無記心中，這樣的情況，會使得修行者，認為自己根器太鈍，不是學禪的材料，因而退心。第二天下來，修行者所感受到的是膝蓋痛、腳痛、背痛，悟境的消息，尚不知在何處，只感到修行太苦，悟道的路太遠，所以屢次想著是否應該中止這種看來相當愚蠢好笑的修行生活。

另外，由於用功已著到一點力時，可能會產生種種的幻覺，幻覺也有深淺和真假。

淺的和假的幻覺之產生，如同普通夢境之成因，普通做的夢，大致是在將要睡熟而尚未能睡熟之時，或在已經睡足將要醒來而尚未曾清醒之際，最容易做夢。幻覺則在修行者的心念將要收攝成為一念，或心念漸漸沉靜而其體力心力已經疲乏之際，此時不入昏沉，卻起幻覺。多半是幻聽、幻視、幻嗅，有時也會有幻觸的。淺的幻覺，即是假的，並無真的外境，修行者的感覺上卻是真的有見、聞、嗅、觸等的實感。有的是可怕的幻境，有的是可悅的幻境，如果修行者以幻為真，使成修行的魔障，每次入坐後，不是恐懼著惡覺再來，便是期待著樂覺再來；凡有恐懼心或憶念期待心，你便不能把心力放到修行的工夫上，甚至也不能繼續打坐了。

深的幻覺，便是真的，由於心念將要統一，身體的狀況也漸入佳境，神經的感覺，特別靈敏，也就是心意的周率波段，選擇力漸漸精微深細，可以用心力，偶然聽到平時所不能聽到的遠距離聲音或極低聲音與極高聲音，也可能見到平時所不能見到的遠距離事物、被遮隔著的事物、極輕微的物體。修行者有了這樣的能力，往往會誤以為自己已得神通，已成聖果，喜不自勝，樂不自禁，心喜若狂，結果，不是無法繼續做進一步的修持或失去了這種能力，便真的惹來心外的魔鬼，為魔所乘，成了魔鬼惑人的工具。因其不是神通，所以仍屬於幻境的範圍。

總之，不論真假，均宜不為所動，繼續修行，最為妥當。

真的幻覺之中，另有一項，極難克服，便是生理上的性欲衝動，凡是不知厭離男女欲而修行禪定的人，當其修至身心舒暢之際，如果不小心而將心念有意無意地引到生殖器的範圍，便會產生性衝動的現象，此當仍以心力將之引上你所修的方法上最為穩當。我有一個美國學生，他在平時，經常有性衝動的生理自然現象，在禪七中他告訴我，我教他的修行方法，使他無暇注意到生理問題，偶爾發生了一、兩次，也被修行的方法很快地引走了。

（二）心外來的魔境

凡有一人發出離心，發菩提心，真心向道，修行佛法，魔宮便會震動，魔王心中便著急；只要有人成菩提道，不僅少此一人，永不著魔業，永不進魔道，永不受魔使，並且影響魔子魔民，脫離魔王統治。所以，若真修道人，沒有魔境的阻撓，乃是不可能的事。雖如釋迦世尊，成道之前，仍得有降魔的階段。

外魔干擾，一定是對已經修道而且將要得力的人；不過如果你的心內無魔，外魔便無從下手，所以，修道的人，當知魔事魔境而須不懼、不著、不受、不拒、不為所動，你便能夠克服一切的魔障。

我在山中修行之時，曾數度遇到魔境，有一夜，正在靜坐中，忽聞有山雨欲來風滿樓的狂風暴雨聲，心中念動，恐怕我種的幾株花草會被風吹折，正想起身，卻發覺天空是月明星稀的一片好風光。我上了魔境的當，再要打坐，卻不能定下心來了。又有一次的大白天，我正在用功，突然一聲槍響，我茅蓬的玻璃窗，被擊穿了一個洞，子彈應該飛到我身上，但卻沒有受傷，我猜想這是哪家獵人，在我茅蓬周圍狙擊鳥雀或者發現了野兔之類的獵物；我又想這是魔境，決心不起身，不去理它，但卻一連數日，總是覺得仍有獵戶人家在我的周圍狙擊獵物，時常意識到窗子再被打上一槍。決意不被魔擾，結果受擾更多！另有一次的深夜，忽然聽到巨樹傾倒的聲音，隨後又有許多巨鳥撲翅起飛的聲音，我明知這是不可能發生的事，心頭仍然受到震動，很想起身查看一番，那時我的身體雖未動，心湖卻已風起雲湧了。因此，禪的修行者，有一個原則：凡遇魔境現前，能夠做到不動心，自然是好，若心已動而身依舊未動，仍不失為克服魔境的好方法，只要再把被魔境擾亂了的心，拉回到修行的方法上，魔境自然消失。如果心隨境轉，身隨心動，那就離開了修行的方法，被魔鬼牽著鼻子走了。

各人所遇魔境的輕重多少，是因修持程度不同而異，更由於知見的正確度的不同而異，所以禪宗有一句名言：「貴見地，不貴行履。」如果知見正確，雖遇任何魔境，也不致落入魔道。所謂正知見，便是明因果、識因緣。明因果便不致受魔誘惑為魔唆使，偏走捷徑，行不善業，曲解佛法，自害害他，而還以為代佛宣化，或以為即身是佛。識因緣便不致受魔境所迷，被魔事所騙。明因果，不落於邪惡的頑空；識因緣，不落於虛妄的幻有。

禪的修行者只要有一絲欣求心或厭惡心，就很容易引來外魔。外魔的種類也很多，從低等的山精鬼怪，那些依草附木而生存的魑魅魍魎，各類鬼神，乃至來自大自在天的魔王，都可能利用你修道的因緣，依附你的身心，來發揮他們的魔事魔業。

所謂魔事魔業，使人喪心病狂、殘殺生靈者，固是，使人行醫治病、預言凶吉者，也是；凡是擾亂你無法繼續修行智慧道而了生死業的，不論是助你行善或者命你作惡，都是魔，只要使你離開禪道的，便是魔。所以，魔王，以及他的魔眾，固可顯現可怖畏相，通常則多半顯現你的親屬相、善友相、福德長者相、善神相，乃至菩薩相與佛相。在許多場合，他們多以倫理道德，教人福國佑民，也能宣說部分佛法的義理。但其有個共通的特性：使你貪功著相，無法進入悟境。魔境使你作惡而走捷徑，是違背了因果的原則；魔境使你行善貪功著相，是違背了因緣的原則。如果你能堅持佛法的原則，魔王對你就無可奈何了。

因此，一個具有正確知見的禪者，在修行的過程中，唯一可做的事，是依照明師所示的方法，繼續不斷地，向前更向前；遇到任何進步的現象或阻擾的現象，唯一能做的是趕快把它忘掉，好像升空的火箭，要節節揚棄，到了棄無可棄，心中無物，連心也無、連無也無之際，方是最安全、最充實的悟境。否則，不論進步或退步，在修行過程中，步步都有魔境，事事出現魔相，處處都有魔影。

在《楞嚴經》卷九，介紹禪者可能遭遇的心外惡魔有：悲魔、狂魔、憶魔、易知足魔、憂愁魔、好喜樂魔、大我慢魔、好清輕魔、空魔、欲魔，以及天魔。天魔又於十種時機，進入修行者的心中：修行者於定中心愛圓明、銳其精銳、貪求善巧時；修行者於定中心愛遊蕩、飛其精思、貪求經歷之時；修行者於定中心愛綿溜、澄其精思、貪求契合之時；修行者於定中心愛根本、窮覽物化性之終始、精爽其心、貪求辨析之時；修行者於定中心愛懸應、周流精研、貪求冥感之時；修行者於定中心愛深入、克己辛勤、樂處陰寂、貪求靜謐之時；修行者於定中心愛知見、勤苦研尋、貪求宿命之時；修行者於定中心愛神通、種種變化、研究化元、貪取神力之時；修行者於定中心愛入滅、研究化性、貪求深空之時；修行者於定中心愛長壽、辛苦研幾、貪求永歲、棄分段生、頓希變易、細相長住之時。而此十種天魔，依次是怪鬼年老成魔，魃鬼年老成魔，魅鬼年老成魔，蠱毒魘勝惡鬼年老成魔，厲鬼年老成魔，大力鬼年老成魔，山林土地、城隍、川嶽鬼年老成魔，天地大力山精、海精、風精、河精、土精、一切草木積劫精魅、或龍魅、或壽終仙再活為魅、或仙期終計年應死其形不化他怪所附年老成魔，日月薄蝕精氣、金、玉、芝草、麒麟、鳳、龜、鶴，經千萬年不死，為靈出生國土年老成魔，住世自在天魔，及其眷屬。

由此可見，禪的修行者，只要心有所緣、所念，只要一念離開修行的方法之時，就可能有魔鬼趁勢而入；而且那些魔境，能夠魚目混珠，使你自己感到已經成佛，他人見你神力不可思議，也會視你如佛，其實，那不是你自己修得的能力，僅是魔鬼附身的現象。

所以，禪的修行者，在其未悟之前，乃至未有獨立自主的把握之前，必須要依止明師修行，唯有在明師的指導下，才可能避免惡魔的困擾及利用。

明師難遇

修道者如果不遇明師，可能有兩種結果：不是由於盲修瞎練而造成身心的變態，便是要經過長時間的自我摸索而找出一條路來。佛經中稱依師而悟者為聲聞，無師自悟者為獨覺。在無佛出世或不聞三寶之名的時代，修行得道者，殊為不易。自佛出世之後，三寶住世時代，修道者依師指導，開悟佛道，乃是修道的正軌，所以說，獨覺的聖者，僅出現於無佛出世的時代和環境中。請不要拘執於「二乘」這個名相，不要以為聲聞、獨覺的二乘，便是小乘，大乘菩薩之中，大多也以聞法、聞聲而入佛知見，悟佛法門的，可稱大乘聲聞。同樣地，大乘的獨覺，便是無上的佛陀。所以獨覺的果位，高於聲聞，而此形成獨覺果位之前，必定已經經過長時間的所謂歷劫修行，絕無偶然倖致的聖果可得。

所謂聲聞聞法，必從師僧三寶，縱然由看經而自得修持的法門，也算是聲聞。在一般人的修持而言，除了方法的正確度沒有問題之外，修持的層次也很重要，若不知方法，便是盲修或雜修；若不知層次，便是落於驕狂而不切實際。所以，如果你想從教理的信服，進而做實際的修行戒、定、慧的三無漏學之時，必須要有明師的引進、指點，始可不致浪費時間，也不致造成求升反墮的悲劇。

明師，即是高明的師父，他自己必定有修證的經驗，有正確的見地，有慈悲心，有教授弟子的方法和善巧。可是，佛法講求一個「緣」字，故可由於對象的不同，雖是同一個師父，也會有明與不明的不同，例如初祖菩提達摩，對於二祖慧可，他是明師，對於梁武帝，他便不是明師。所以，我在美國，有一個弟子問我：「師父你是不是現在世界上最高明的師父？」我毫不猶疑地說：「不是。」因為，從主觀的立場說，我自覺不是佛，而且相差太遠、太遠，福德智慧，均感不足，所以無法告訴他，我是最高明的師父。從許多外道宗教的立場而言，凡自命為神的代言人、或是神的獨子、或是神的人格化者，無不認為他們自己即是世界上最高明完美的師父，所謂全知全能、萬能的王中之王；但從事實來看，那僅是他們主觀的信念，並不是客觀的實情，因為他們只能影響一部分的人，無法使得一切時、一切處的一切人，全部接受他們的教化。

我的那位美國弟子又問我：「你既不是最高明的師父，怎敢做人的師父，我又怎樣才能找到最高明的師父呢？」

我告訴他，唯有高明的弟子，才能選擇到高明的師父，所以禪的修行者，必須在具眼（有了悟境的經驗）之後，始夠資格去遍參、遍訪天下的大善知識；否則，你固然無能識別何人是明師，何人是對你可能有助的明師；縱然是明師，也未必是大名鼎鼎的人，能夠有助於你的人，絕不在於他的名望的大小，只要他和你有宿緣，他便能夠使你受益無窮。因此，絕大多數的修行者，不是憑仗自己的認識力而得到明師，乃是由於因緣的安排而遇到的師父；有緣則得來毫不費力，無緣則雖面對明師亦不相識。有的人在吃盡苦頭之後，開了一下智慧之眼，才遇到理想中的師父；有的人卻在明師門下挨了許多年的折磨與調教，才從師父處得到一點指引而開了一線智慧之眼。唯有在有了自內證的經驗之後，才有選擇明師的能力，這是相當困難的。一般人只有跟著他人去追隨具有大名的師父，或者在明師的指示下，去參訪另外的明師，正像《華嚴經》中的善財童子，從其初見文殊師利菩薩，而發勤求佛道之心，文殊勸他應當求真善知識而勿生疲懈之心，並介紹善財童子去參訪德雲比丘，德雲比丘又介紹海雲比丘，又從海雲比丘處受到教示而去參禮善住比丘，如此一個個地輾轉介紹而使善財童子參訪了五十三位真善知識。後來的修行者，僅知仿效善財童子的廣參博學，卻忽視了由明師介紹及指導下去參訪明師的原則，於是，雖美其名曰遍參善知識，結果卻成了跑碼頭、趕熱鬧的無主遊魂。

因此，對於一個初學的禪者而言，如何選擇明師，是一大難題。自以為是明師的人，固然不一定就是明師，卻有更多連他們自己也不相信自己是明師的人，自欺欺人地掛起明師的招牌，初學者只有憑因緣的安排來得到他們的師父。所以，我雖不是世界上最高明的師父，也做了一些人的師父，也使得一些人得到了若干佛法的受用。我用一個比喻告訴我的弟子們，每一個師父，只是一大堆拐杖之中的一支拐杖，禪的初學者，就像一個雙目失明的跛子，這個跛子需要一根拐杖，才能行走；但他沒有辦法識別那一大堆的拐杖之中究竟哪一根是最好，如果他希望得到其中最好的一根之後才開始行走的話，他便永遠沒有行走的可能了，因為他縱然撿出其中最好的一根，他也無力辨別。在這樣的狀況下，唯有依靠選擇時的直感來做取捨；即使撿出了其中最壞的一根，總比一根也沒有的好。我既不敢說我是世界上最高明的師父，也不想謙虛地說我是世界上最不高明的師父；對於有緣而正在親近我的弟子而言，我應該就是他們最高明的師父。

第二篇

調琴

捨

在明朝末葉，有一位名叫憨山的禪師，教導人們如何以「捨」這個字來修。這是什麼意思呢？這就是說：當一個人念頭生起來時，即刻中止它或放下它。但中斷念頭或放下念頭並不是表示與它對抗，或者嘗試拋掉它，而只是意味著不去理會它。假如你無法得到任何禪修的進境，最大的原因就是你不能放下或行捨。當你非常專心於你所修行的法門時，或許會有妄念出現，這是很平常的，尤其是在初初學習的時候。然而不要讓它干擾了你，在發現妄念後，應該使你更專注於你正在用功的方法上。

由妄念的產生而出現的問題有兩種：第一，你發現到這個念頭，但你無法驅走它。你愈想要趕它走，便會有愈多的妄想生起來。第二，當你發現妄念時，已經太遲了。因為你正如坐在滿載著散亂念頭的車廂裡，而這車廂已經越出了軌道。第一種現象就好像你在吃甜品時，一大群蒼蠅圍繞著你。如果你擺擺手趕牠們，牠們只是散開一下，然後又擁集回來。應付這個問題最好的方法是不要去理會這些蒼蠅，否則你將無法吃完你的東西。只要你把東西吃完，這些蒼蠅就會自動地散去。第二種現象正如你騎在馬上打瞌睡。結果在你沒有覺察的情況下，馬兒離開了道路，在四周蹓躂和吃草。當你在精神上感到疲勞，或者肉體上感到虛弱時，你將無法意識到散亂的心緒。當你終於發覺了，可能已經是好幾分鐘以後的事情了。但是，你切莫因此而心煩意亂，因為焦急、擔憂只會引起更多的雜念。與其為了打妄念浪費時間，不如放鬆心情，回到所用的方法上。

修行「捨」有好幾個層次。第一個步驟是捨去你的過去和未來，而專注於現在，因為凡是妄念必定與過去和未來有關。這看起來似乎容易，其實不然。第二個步驟，我們更需要連現在這個時刻都捨棄。現在這一個時刻可分為兩個部分：外在或外境，以及內在；內在又可以分為身體和內心。首先我們需要放下外境，因為所有念頭都是外境與我們的官能接觸而產生的。假如我們沒有意識到任何外境的存在，我們很有可能根本不會產生念頭。氣候、車子、鳥兒、風、走過你面前的人發出的聲音、光亮與黑暗、粗聲的呼吸等等，所有這些外緣都會影響你，使你雜念叢生。既然我們無法在一個完全隔絕而無任何干擾的地方修禪，唯一的方法便是「捨」。即使你已經能夠專心到只專注於你的身心，你還是會聽到外面的聲音的。然而，切勿對它們生氣，你只需要在它們生起時，「捨」掉它們。

當你已經放下了外境，接下來的步驟是放下你自己。第一個階段是捨去你的身體。很久以前，有一位禪師，由於打坐時經常感到昏沉或打瞌睡，為了要克服這個問題，他將自己的禪座安置在一個懸崖邊緣的一塊石頭上。他知道只要他再昏沉，他將會頭下腳上地跌下深谷。這樣的人必定能夠修持得很好，因為他能放得下自己的身體。假如他還是不能好好的修持的話，他是準備死去的。因此倘若你一直擔憂著自己的身體，並意識到那些不舒適的感覺，如熱、冷、背痛、腳疼和發癢等等，而你如果又是不斷地想要去抓你的癢處、想換腳、想遷就你的身體，以減輕這些難受的感覺，那麼你將無法進入好的禪境。有些人以為忘記身體比放下整個外境來得更容易，但是，不要去注意自己的身體，實際上是非常困難的事。當你覺得癢時，你愈想忍耐，你會愈加難受，如果你去搔一搔，則這個問題便很快解決了。然而這是錯誤的推理，因為一旦你開始搔癢以後，你身體的其他部位也將會有癢的感覺，這種情形將持續下去。假如你只是不理會它，它便會慢慢地消失掉，而其他部位也不會再發癢了。處理疼痛的方法也是如此，當你感到膝蓋痛時，不要使自己緊張，以致全身都似乎在發痛。你應該放鬆自己並隔絕痛的部位。你告訴自己：「只有我的膝蓋疼痛，與其他部位無關。」接下來，你便去觀察這個痛到底痛到什麼程度，用這樣的態度，你就不會再顧慮到你的身體。這將會使你感到更加地疼痛，但最後這些痛楚將會消失，過後你便能夠很好地應用你修行的方法了。

假如你能夠專心一志於你的方法上，結果你會忘了身體的存在，那時剩下的就只有你的「專注」了。當你只剩「專注」而沒有外境和身體時，還是有一個「專注」的念頭，最後一步是將這個「專注」的念頭也捨掉，那即是連你的心也放下，而達到心境統一的境界了。

調琴

參禪或修禪的方法有好幾種。有一種普通的方法就是「參無事禪」，即是說以一種非常從容的態度來修行。那些應用這種方法修持的人似乎是一個堅定、始終一貫的行者，他們每天修行，整天修行。然而實際上，他們的修持是有缺漏的。這些行者在修行了一會兒，就會想：「啊！午餐的時間到了。」於是他們便停下來用午餐。用過午餐，他們會休息一會兒，然後再開始用功。忽然他們會想到：「這是我洗衣的時間了。」洗完了衣服，他們會感到有點疲累，所以他們就會休息一下，接著又是晚餐的時間到了，吃過晚餐，他們感到肚子有點脹，所以需要等一會兒，才能繼續再用功。他們會再修行一段時間，然後你知道囉，又是睡覺的時間了。第二天，他們會繼續採用這種方法修行。他們連續這樣地修行了十年八年，於是其他的人便會認為他們是經過長期鍛鍊的大修行人。他們也好像很穩定而有恆心，同時已經解脫了煩惱。

然而，事實上，這類的人可能修行了很多年，但他們依然與自己在開始修行時的境界是一樣的，一點也沒有進步。他們所以看來穩定和解除煩惱，是因為他們只有很少的事情好做，或做一些不重要的工作，並避免捲入或接觸那些比較複雜的事物。

我曾經碰到這樣的一個人，他告訴我：「當我用功時，我得到大自在、大解脫。」我就問他：「在當時，你不必擔憂衣食，也不必去應付那些好爭吵的人，是嗎？」他回答：「這當然，我修行時，人們都供養我衣食，也沒有人來和我吵架。」我又問：「那麼，現在呢？」他告訴我他現在有很多煩惱，因為周圍的環境已經不同了。我對他說：「假如你已經證得大解脫，那你現在為什麼不能解除這些煩惱呢？」

實際上，類似這樣的人，是不會解脫，不會開悟，也不會成為禪師的，他們只是在浪費時間、浪費生命、浪費食物而已。

另外還有一種所謂的修行人，他們在一、兩天裡非常精進修持，就好像他們的一生需要完全依靠這一次的修行一樣。但是過了幾天以後，他們就會感到非常地疲倦、頭痛，他們的腳部和背部也感到疼痛，還有就是他們整個身體也受到傷痛，致使他們無法坐起來。在這種時刻，他們會說：「開悟，或許不是那麼容易的，我最好是先好好地休息，等到氣力恢復了，我再回來修行吧。」當他們的身體已經痊癒，而感到已經好好地休息後，他們會再回來，以同樣的方式修行。

然而，這類的修行者其實和上面所提到的是沒有兩樣的。他們的修行是沒有用處的。同樣地，這種修行者也經常被讚美為大修行人，他們投注了一生在修行上，卻用了這種沒有價值的方法。

第三種修行者會很好地記住佛陀的金言——修行要像調琴一般。琴要發出美妙的音樂，它的弦必須要調得不太鬆，也不能太緊，正如修行人，在用功時，不能太過鬆懈，或太過緊張。有些人以為這個觀念是：一個人需要很勤奮地用功修行，直至他感到疲倦了，稍為休息，然後再繼續用功。他們相信這種方法是適宜的中道法。但是，這也是沒有用的，就好像在攀爬一條垂掛著的繩子，你很有精力地爬了一會兒，但你感到疲勞而休息一下；當就地休息時，你使自己滑回到原來的地方，這樣做是不可能到達任何地方的。

這種修行人需要一個明師的指導，指示他們什麼時候應該精進發憤，什麼時候應該休息而不退回原處。比如一個人在修禪時，他聽到了引磬聲，他就會知道：「啊！時間到了，我應該是疲乏了，現在讓我舒活舒活我的腿子。」就是在這種時刻，一個人需要一位高明的師父，手持著香板，利用逼拶、猛烈，甚至邪惡的手段，去喝責他，使他感覺到他是一個有能力及有用的人，但由於他的懈怠，所以他現在處於無用的狀態。這種情況的出現，經常都是因為那些人總是趨向於容易原諒自己而有的，但在師父敏捷和果斷的逼拶之下，他可能產生一種所謂的「大憤心」。這種情形使這個人有很深刻的出離心，厭惡自己的現況，而發下強烈的決心，發憤地用功。

辨別一個修行人是否進入所謂的「狀況」而產生大疑情是非常重要的。在疑情未生起之前，師父會允許一個已經精疲力盡的行者休息，休息時間的長短則端視他疲倦的程度。然而，當他進入「狀況」以後，師父會像驅趕一群牛羊而不讓牠們有停止的機會。當一個人的大疑情生起來的時候，除非他本來有高血壓或嚴重的心臟病，不然不論他如何使勁地用功，對他的身體都不會有損害的，因為處於這種境界的人，他是完全與宇宙相應的，來自整個宇宙的力量，都可以注入他個人而融合為一。因此，在這個時刻，師父一定要逼驅行者不斷地前進、前進，以期望能得「虛空粉碎」的「大爆炸」發生，或者至少也有一個較小的「爆炸」。

當然，對於那些利根如六祖惠能的修行者，這些都是沒有需要的，他可以無師自通。但多數人在修行時都需要明師的指導，在明師的開導及輔助之下，一個人可以向前苦幹下去，以致最後得到良好的成績。

話頭・公案・機鋒・轉語

問：什麼是話頭禪？它如何與大疑情有關？

答：「話頭」就是你追問自己一個問題做為修行的一種方法。「話」是語言，「頭」是根源。當我們應用話頭修行，就是嘗試要找出在還未用到話或文字，或符號的描述之前，「那是什麼？」在開始修行時，是沒有疑情可言的，只有在你很好地掌握這個修行方法，你才能產生疑情；當你的修行愈來愈有力時，便會成為大疑情了。在這種情況下，你就不會意識到你的身體、世界或一切；只有一樣東西存在，即是問題——大疑情。當人們有了真正的大疑情，假如他們又是利根者，那麼不論是否有師父在旁指導，他們都可能獲得開悟；但對於那些鈍根的人，必須有明師，否則他們甚至可能掉入魔境。

大疑情之可能生起，只有當這話頭所問的問題對他們是重要的，而且他們也很認真去修行話頭。對於那些不認真、不熱切於追尋生死問題，或什麼是本來生命之答案的人，假如他又自以為他的生活過得很好，而且也沒有真正理會到他未生前是什麼，或者他死後將成為什麼，對於這種人，不論他們如何嘗試追問那些話頭的問題，如「我是誰？」他們就很可能不會產生疑情。因為這個問題對他並不重要。古話說：「大疑大悟，小疑小悟，不疑不悟。」所以在你未開悟之前，你必須要修行到你基本上已放下了一切執著的程度，不妨說：一絲不掛，也即是完全赤裸。但實際上，即使一個人已完全赤裸了，還是會有很多東西在他內心裡，一個人必須修到沒有任何一物存在於內心，他才能用話頭修行得力。

問：一個人需要用語言來問問題嗎？文字可能會導致機械化的重複。

答：肯定的，你需要應用語言。如果你不用語言來問問題，你只是坐在那邊，睜大著眼睛，而不能產生疑情。我們必須有一些東西掌握住以便發揮我們的力量；而話頭便是我們所要把握的東西了。如果我們沒有東西掌握住，那麼便無法集中我們的心，於是疑情便沒有生起的基礎。比如說：話正像籃子裡一條很長又糾纏著的線，而你並不知道它有多長。你握住線的一頭，嘗試得到它的另一端，希望知道那是什麼。你做什麼呢？你不斷地拉著那條線。在線的另一端，有一個彈簧發條，因此要得到另一頭，你必須繼續不斷地拉它，即使是你只停息一會兒，也不能放下你握住的線，否則它又將全部被拉回去了。你必須發揮你的力量，不放棄，不斷地拉，你不可以失去信心或洩氣，並不可追問：為什麼我還未見到線的另一端？你唯有繼續不斷地拉、拉、拉。終於你得到了線的另一端，而你發現，原來並沒有東西在那邊。這看起來似乎是愚蠢的。開始並沒有東西在那邊，你發現線的一端，並不斷地拉，直到你獲得另一頭，又發現那邊也沒有東西。為什麼要拉它呢？這不是愚蠢，這個過程便是方法。在你未通過這個過程，在你未採用這個方法時，你的內心是混亂的，你的智慧尚未顯露；但經過你透過這個過程後，你的智慧便顯發了。

問：我們可以完全不用話頭來參禪嗎？畢竟在印度並沒有人聽過「話頭」這個名詞。從菩提達摩到六祖，甚至七祖，人們也不知道什麼是話頭。為什麼直到宋朝時，話頭的方法才被提倡？如果我們現在也不用任何話頭修行，可以嗎？

答：可能自從宋朝以來修行人的心較為散漫，他們有很多的意見和觀念，若不應用話頭，便會非常困難。

給你一個話頭去修或參，正如以針線把你的嘴巴縫起來，使你不能夠開口說話，這時有一個人從你的背後打你，問你：「你叫什麼名字？」你要喊出來，想說話，但你不能開口。應用話頭就是阻擋住、關閉你的口，並且連你的心也被密封起來。在這樣的情況下，還要你找出所問的答案，可能就有一個不同的情景出現了。

在我主持的禪七中，只讓少數的修行者參話頭。然而，當一個人的修持到達妄念稀少或念頭集中時，給他一個話頭，以便觀察他能否從參話頭而產生疑情。在某次禪七中，我教一位禪者參話頭。在開始時，他並不是真正在參話頭，而更確切地說，他是在念話頭。經過一段時間的修行，他依然回到念誦話頭，然後他才得到「問」話頭的階段，但每一次他問時，他便從容地自己回答自己，所以每個問題後面隨著一個答案。這個人與那些沒有用過話頭的人，完全相同，不會產生疑情。

另一女禪者也參話頭。她靜坐在坐墊上，忽然間她對我喊道：「你只是在講廢話，十足的廢話！」我說：「妳怎麼可以那樣說呢？」她繼續指責我欺騙大家。看來她似乎得到了一些東西。我便問她：「妳是男人還是女人？」本來她很可以回稱「是女人」。但她被我一問，便失去了主意。她再回座位坐了一陣子，並不斷地問她自己新的問題：「我是男人或女人？」結果她便怒氣沖沖地回來找我，好像準備要打一場架，告訴我：「不管你認為你是男人或女人，我是女人！」這是一個真正參禪的例子。

有一個禪者用話頭參了幾天後，發現話頭不見了，他以為既然話頭不見了，那麼他便不需要再參它了。但我說：「不，你還是要繼續參那話頭。如果它不見了，稍微休息一會，然後再回到話頭上來。」

從前有一位禪師，不論誰去找他，他都給他們那個相同的提示，也就是豎起他的一隻手指。當我第一次讀到它，我感到十分驚奇，豎起一指足夠嗎？為什麼這位禪師對每個人都用相同的東西？不同的眾生有不同的根機，老是豎起一指似乎並沒有多大用處。但現在我明白了，即使他只豎起一指，實際上那個手勢充滿了無限的可能性和功用。不管是相同或許多不同的話頭之應用於不同的人，全都依禪師如何應用這些話頭而定。方法是死的，只有在你以活的方式應用它們，它們才是有用處的。因此你也可以用很多不同的話頭，但要恰如其分地應用，它們全都是一樣的；你也可以在許多不同程度，通過不同的角度，應用相同的話頭。

問：話頭不就是公案嗎？

答：話頭是一個短語、一個句子或一個問題，你要以它修行，你要探索這個話之前或背後是什麼，直至其根源。然而一個公案，基本上是一個完整的事件，你參究它的整個過程，嘗試了解整個有關的真相。一個例子就是「南泉斬貓」的故事。有兩組的僧人爭論著哪一組應擁有那隻貓，當南泉回到叢林時目睹此爭論，他抓起貓來，說：「給我一句話，說對了，你們可以救這隻貓。」沒有人敢說任何話，南泉於是把貓斬成兩段。過了不久，一個造詣高深的弟子趙州從諗回來，當他聽到這個故事，他把鞋子頂在頭上走出去，南泉說：「如果你早些時候在的話，那隻貓便不必死了。」以這個公案修行，即是問：這個故事的全部過程是什麼？

問：什麼是「機鋒」和「轉語」？

答：普通來說，「機鋒」有兩種。有時候，一個人參話頭或公案，他很努力地修行，但他仍然不能出現任何新的境界。這時師父可能給他一個有力的、直接的，乃至不盡情理的一句話。比如有人感到口很渴，你給他一杯水，但正當他準備要拿起那杯水來喝時，你把那個杯拿走，並摔到地上去，然後問他：「你還需要喝水嗎？」如果這個人已經有很好的修行，這樣的事件是可以給他非常大的幫助的，這是第一類的機鋒。

第二類的機鋒是有關造詣高深的禪師們之間的對話。雖然他們應用的字眼在表面上看起來是沒有意義或自相矛盾的，但其內在的意義卻是很深奧的。比如說，一個禪師會說：「東山下雨西山濕。」另一個則說：「自從泥牛入海後，到今天還沒有任何消息。」這類的詞語，當記錄下來，有時候會成為公案。

「轉語」是那些迴轉一個人觀念和態度的語句。一個例子是百丈禪師的故事。有一次當他在開示時，一個白髮白鬚的老人在聽眾之中坐著。在開示結束時，老人走近百丈禪師，說：「五百世前，我已經是修行人，但那個時候我告訴人，禪行者不落因果，直到現在我竟是一世又一世地轉世為狐。請你給我一個轉語，好讓我脫離狐身。」百丈說：「聽好，與其說不落因果，你應該說不昧因果。」一聽到這句話以後，老人非常高興，頂禮三拜後便離開了。第二天百丈與他的弟子在後山撿起一隻狐屍，並為牠舉行僧人的葬禮。這個公案或者不是歷史事件，但它闡明了如何以幾句話可以轉變深刻執著的觀念，並帶來大利益。如果有人走向某個方向，那邊可能有一道牆，他無法通過，假如你教他轉過身來，可能在當下便有另一條路了。

佛・眾生・無明

佛性是永遠清淨和不變的。因此，經常有人問起這樣的問題：「如果所有的眾生原本是佛，又怎麼會成為汙染，使佛墮回無明的眾生狀態？如果佛性和煩惱是一樣的，這是不是意味著那些成佛的人也會在將來經驗到煩惱？」

要回答這個問題，我們必須首先知道「眾生本來是佛」這句話的真正涵義，這要明白，這是說一切眾生皆具有佛的潛能的普遍原則。比如說，任何一個在美國出生的人，不論他的種族和社會地位，都可以競選總統。一個尚在小學中讀書的少年可以說：「當我長大時，我將會競選總統。」這句話並沒有錯，但四年才舉行一次的總統競選，經四十年最多也只有十個人當選美國總統。同樣地，一切眾生都有能力成佛，但不是每個眾生都可以即刻實現佛陀的境界。

眾生最初是從哪裡來的？還沒有一種宗教或哲學思想可以對這些問題提供圓

滿的答案。當然，假如我們一開始便是佛，不因煩惱而受苦是很好的。但佛教拒絕回答這些問題，並說眾生的出現，在時間上是沒有開始的。

假如我們說眾生是上帝創造的，那麼很多問題便會產生：為什麼他創造了天堂與地獄？為什麼他製造痛苦？為什麼眾生造惡業？佛教並不尋求這類問題的答案，對於那些被這類問題所迷惑的人，釋迦牟尼佛引用了一個人被毒箭射中的比喻。他問在這種情況之下，是把毒箭取出而治療其毒，或提出一千個問題，追問這枝箭是用什麼毒，和射箭的是屬於哪一個階級的人，來得更為聰明？顯而易見地，把毒箭取走而療毒是比較正確的。佛教最大的目的是治癒你的病，而不是為哲學上的問題提供理論性的答案。

我們與佛陀不同，或我們不清淨的概念，實際上是我們的愚癡或無明的成果。要了解這點，我們必須了解無明的意思，無明即是某種有限、無常和變幻的心理現象。

佛性的普遍性與永恆性，即在於一切局部及變動的事物之中，它是不變的，它也不可能只存在於一處而不存在於其他地點。當我們說眾生本來是佛，便是談到他們不變的佛性，而不是那些呈現於表面的狹窄、無常、變幻的煩惱。

當我們被環境刺激時，會生起反應，產生煩惱，於是你的念頭便在一種連續變化的狀態，這即是無明，它是剎那剎那持續變化的。

無明是無始存在而不斷變化的，這即是眾生之為眾生的因素，但它並不是永恆的、普遍的或持久不變的；它一直是有限、短促，並不斷流動的現象。

只要我們很好地應用我們的修行方法，我們的心便不會動。貪欲、瞋恚和愚癡將會平息消失，剩下來的便是我們永恆不動的佛性之顯現了。當我們的內心，不會再受環境的刺激和誘惑時，無明便不存在，而只有佛性了。

直到我們完全斷除所有的愚癡時為止，我們將繼續以不正確的眼光，並應用我們有限和無常的心理作用為容器，來容納無限和無始。當無明與容器被除掉，只有普遍性和恆常的佛性留存。佛性是原本存在的，但無明則不是，它只能說是暫時性的存在，如果它有真實性，便不會有持續變化的狀態。

經典中經常應用水與波的比擬來說明這點。水是存在於平常的狀態，但當風吹起時，便有波動了。這些波是與水的本質相同的，但它們本來是不存在的。無明也是如此，本來不存在的；水即是永恆存在的如來，波是無明。在沒有波時，水可以存在；但波卻必須在水存在之下而存在。

當我們說眾生本來是佛，正如我先前所說的，我們是根據普遍的理則與潛在性的說法。假如我們說釋迦牟尼是佛陀，他已於二千五百年前涅槃了，那不是說及真正的佛；真正的佛、如來，是永恆的，他無來亦無去。

輪迴與涅槃

首先讓我們拿視覺上的錯誤做例子。有時候我們的眼睛會有問題，我們拭擦它們，於是東西看起來便不同了。放在我們眼前不遠的東西，或某些設計，可能會造成視力的錯覺。患白內障的人，有一層薄膜遮住眼睛，所看到的東西是不同的，有一種「飛蚊症」，當一個人染上這種病症時，他會感覺到有昆蟲時常在他眼前飛舞。經典談到幻相時，常說是看到「空（中）花」。通常我們有這些問題時，我們知道這是眼睛的問題；可是有些人卻以為他們看到蚊蟲和花在空中飛動，當他們的毛病痊癒時，他們便不會再看到這些東西了。是否蚊子和空花忽然間消失了呢？不是的，這是因為眼睛的問題已消除了。

第二個比擬是關於煉金的過程。當於金礦中發掘到金沙時，它被熔掉並加工，直到沒有其他雜質而只剩下提煉過的金。金在最初是金沙，但有些人或許會以為純金和金沙是不同的兩回事，金沙是由於某種方式而變成純金的；但化學師知道它們的元素。純金本身是來自金沙的，假如不是來自金沙，將不會有金被提煉出來。

這些比擬談到了什麼？在另一次的開示，我指出輪迴是一個假相。我們會輪迴是因為我們有煩惱，這是心的問題。我們看到當眼睛的問題解決後，蚊子和空花的幻覺便消失了，於是我們不會再看到它們。但更重要的是我們理解到在最初並沒有看到蚊子或花。同樣地，當我們治好我們內心的問題，我們便不會相信輪迴；而實際上，我們明白它從來就沒有存在過。

內心的問題？內心的毛病？這種問題是外科醫生所不知道的，精神病醫生或許會知道一些這類的毛病。你修行的工夫愈深，愈會明白內心問題的性質。有人說「禪中心」像一個心理病醫院，在某種情況下，這是正確的，佛陀說過，如果你有生理上的病，去找醫生醫治；如果你有心理上的病，去找佛法治理。

站在佛法的立場，每個人都有嚴重的心理問題。你們有多少人認為自己沒有心理問題的？假如你舉手，表示你有問題；假如你不舉手，那麼至少你還有一些觀念：你有問題。一個喝醉的人永遠不會承認他喝醉的。假如你發現你醉醺醺的，而你說你喝醉了，那麼相反地，你並未大醉。

說心理有病是什麼意思呢？這即是說你的內心不平衡——理性和感性的——你的判斷不是百分之百的正確。你會有偏見，正如一個擁有丈夫的太太，和她的姊妹也生活在同一個家庭裡，她的姊妹經常都會偏向這位太太而對抗她的丈夫。或者你會像我一個弟子的矛盾心理一樣。前幾天他心裡希望我早日回臺灣去，便不會有人要求他這樣那樣地；在另一方面，他又希望我永遠不要離開他，假如我離開了，便沒有幫助他修行的人了。一個吸食海洛英的人也會面對這樣的問題；他要戒掉吸用毒品的惡習，但他不能。當一個人依這種混亂的心態行事時，他們經常會犯罪行的。在辛克萊槍殺雷根總統的事件中，法庭以精神錯亂為理由而判決他無罪。當有人對我們有損害的行為時，我們必須體會他們是有心理問題而要寬恕他。當一個人有這種問題時，他可能並不知道自己在做什麼；或者雖然他明知道發生了什麼，卻無法控制自己——正如一輛剎車器有毛病的汽車一樣。

我們如何醫好這種病症呢？很多人並沒有體會到他們的內心或精神需要很多的教育。對於癌症、心臟病和高血壓等等病症的治療的研究工作，我們肯定的已經有了基礎，但人們並沒有那樣注重精神問題的治療的研究和教育。

首先一個人必須探究他的希望、恐懼、欲求等等，只有通過這種自我的測驗，我們才會進步。當然，完成這個過程最好的方法是靜坐。通過修行，一個人會逐漸減少他的念頭。有太多的念頭時，你不會看清自己的。當我們達到能夠控制自己的念頭之境界時，我們可以依自己的意願去想或不想。這樣，我們的心理毛病便消失了，內心便不會有混亂的狀態；不會胡思亂想，我們便與自然和諧了，我們的判斷便沒有偏見，我們會接受發生在我們身上的善事和惡事。

當我們的內心完全清淨時，便不會有善行與惡行，也不會有輪迴與涅槃。輪迴和涅槃之概念的存在，是因為首先我們需要依據它而修行。它增強了我們的信心和力量，這正如一個病人的醫藥，當他痊癒時，便不需要醫藥了；同樣地，當我們內心的問題已經解決，我們便不需要輪迴和涅槃的概念了。我們會體會到它們並不是不同的兩回事，事實上，它們甚至不是一回事，它們都是幻相。在一個清淨的內心裡，它們甚至根本不曾存在。

現在讓我們來解釋金沙與純金的比擬。精純、提煉的金即是指我們清淨的內心，它代表我們超脫痛苦的潛能。正如第一個比擬中的眼睛，某個時候受到幻相的困擾，而今從蚊子和空花之中解脫出來。我們的心，一旦加工提煉，便會除去它的汙染——煩惱和痛苦。通過修行，我們就會除掉我們的汙染，並鍛鍊我們的心，成為明淨。

站在禪的立場，煩惱與智慧，輪迴與涅槃，不僅不是不同，實際上，它們根本都不曾存在。所謂「夢裡明明有六趣，覺後空空無大千」。不論正面的或負面的，都是因了眾生而說，在佛的程度是不必說、無可說的。

無我的四相

在《金剛經》中有提及四種相，即是無我相、無人相、無眾生相以及無壽者相。實際上這四相都是討論同樣的事物，就是「我」。這裡所提到的我，就是指那些屬於我或雖不屬於我，而卻期望得到和不要得到的東西。除了那些我們已擁有而不希望失去，以及擁有卻想除去的，還有那些我們沒有卻想得到或害怕得到的東西之外，沒有什麼是可以被稱為「我」的。然而大多數的時間，我們並沒有覺察到我們希望除去或得到一些什麼東西，我們只意識到自我的存在。首先我們知道自己的身體以及它的需要，由於我們的身體需要某些物品，才感覺到「我」對這些物品的需要。身體使我們注意到我的存在。其次，心念的活動給我們存在的感覺。除了身體和心念以外，就沒有「我」的感覺了。

事實上，是我們的心使我們經驗到我的存在，身體如果離開了心，便不知道那是我。那麼，什麼是心呢？那是不斷或連續流動的念頭。

人可以通過宗教的行持，達到某種程度的經驗，他會了解到那個平常經驗的「我」，實際上只是一個虛幻的東西，主觀或永恆的我原本是不存在的；它的存在只是因為身體的感覺、身體的需要，以及那不斷流動的念頭。這即是《金剛經》中所提到的「無我相」。

再說「無人相」。人的存在只是通過「我」的感覺反映到其他人及物的存在。基於自己的感覺，使我們經驗到自己與他人的相對待。因此站在《金剛經》的立場：假如是無我，自然也無人了。如果我自己本身並不在那兒，同樣地，他人也不存在了。這只是因為我們與他人及事物之間發生了種種的關係，我們才感覺到自己的存在。

我們知道目前這個世界上一共有四十億的人口，但是，與我們每一個人自己相識的，是非常少的。我們所能深刻經驗到確實存在的他人，僅是那些在利害得失之上與我們有關係的人。其他數十億生活在這個行星上的人口，我們幾乎不知道他們的存在，不論他們是否存在，至少並沒有真正影響到我們什麼。所以，他人只存在於他們與我們之間的關係上。當我不存在時，其他的人也就不存在了。

第三種的「無眾生相」。包括所有那些或許沒有必要與我們有關係，卻仍然和我們共同生活在地球上的一切眾生。那些修行已到達很高境界，而且已經能夠解除他們本身的問題和困境的人，自然會對所有的眾生產生很大的悲憫心。他們從已經解脫自己的問題，而去負擔起眾生的問題，於是眾生的問題就成了他們自己的問題。這仍是有我的層次。

若從《金剛經》的立場說，如果主觀的「我」不存在，客觀的「眾生」自然也不存在。佛陀說度盡眾生，而實際上並無眾生可度；眾生已經被度了，度眾生者並沒有感覺到他已度了眾生。所以，無眾生相，也是無我相的異名。

第四種是「無壽者相」。這是從時間去看「我」的存在。它牽連到前面所提及的我相、人相和眾生相。假如沒有我相，則一個人壽命之長短將不重要了；但所有的眾生都執著於壽命，他們希望活得長久，並避免夭折。因此他們尋求他們生命的安全感，他們期望現在和將來都有安全感，於是嘗試用各種可能的方法來保護自己的生命；縱然已知生命有生必有死，卻仍執著不放。然而那些已經無我相的人，不管他們明天死或一萬年以後才死，對於他們都是沒有差別的。當一個人已經體驗到無我的境界，這些問題就已經解決了。

總而言之，有關無我相的「我」，歸諸於個人的不存在；無人相的「人」，則指那些與我們相對待或有關聯的不存在；無眾生相則不只牽涉到「我」及你的不存在，而是包括了宇宙所有眾生的不存在；最後，第四種無壽者相，說明時間的過程：從期望長壽而至不擔心壽命之長短。

以上四相的前三者是空間的無我，第四是時間的無我。

無得失心

平常人不能想像佛陀的智慧，甚至阿羅漢也不能體會這種智慧。平常的人若要揣測佛陀所知，就好像要以螢火蟲來照亮須彌山一樣。平常人依賴他所學習到的知識，於是他們只能看到有形的物質世界，超出它的，他們便不能見到了。他們的經驗和真相不相應，這種活動，正如幻想中的花兒的開放。

你不能馬上證到最高的境界，但你或許可以得到一個小而淺薄的佛境之概念。《圓覺經》談到的是佛陀的智慧，而不是平常人的；但我們是平常人，假如我們願意停留在那種狀態，那便不需要修行了。然而，只有當我們聽到了有關佛陀的智慧時，才體會到自己只是平常人；我們了解還有更高的境界有待證悟時，這將協助鼓勵我們的修行。

經典告訴我們，即使是已達到聲聞的果位，還是沒有達到佛陀智慧的境界。

聲聞行者已經從煩惱與輪迴中超脫出來，但他們卻不願意以任何理由，再回到痛苦的世界來。聲聞行者只希望證悟或已經證悟比較人間更高的境界，這有點像西方人觀念中所期待的天堂。

有一回我問一個朋友這樣的問題：「你為什麼來這個世界？」他說：「我不知道我為什麼來到這個世界。這裡的痛苦多過快樂，所以不是我願意來的。」他繼續說：「開始時我為家庭而活，我嘗試尋找快樂，但我已離婚三次。每次我都盡力爭取，但我的每一位太太都獲得我離婚時一半的財產，並帶走了我們的孩子。」

再問：為什麼你們來這個世界呢？為什麼你們繼續生存於此？是不是因為你們想要有成功的婚姻或舒適的家庭生活？兩千年以前，中國有一位大將軍曹操，在打過許多次的勝仗後，寫了一首詩，他寫道：「（人生）譬如朝露，去日苦多。」他是一個大英雄，一個成功的人，可是他仍然表達這種感受。對於我們，在我們的家庭、我們的工作、所有我們的生活中，到底是快樂比較多，還是苦惱比較多呢？無論我們想做什麼，並想好好做它，我們都將做得很吃力，假如我們真正要它成功的話。生存對我們來說是一項掙扎，譬如嬰兒掙扎著要走路；只有少數的兒童喜歡讀書，但讀書對於他們的將來卻是重要的。這些掙扎、這些負擔，在我們生下來時，便緊隨著我們了。

於是我回答朋友的問題：「我們來這個世界，有兩個原因：第一是償還我們過去世所欠的債，第二是挽救我們即身乃至永恆的未來。就是這兩個原因使我們吃苦。」

然而我的朋友不同意，他說：「我沒有欠任何人任何東西。事實上，和你所說的正好相反，是她們（他的三個太太）先後拿去了我所有的東西。」

我告訴他：「你可能忘記了你所欠下的債。」我問：「你還會記得三年以來所曾做過的夢嗎？」我的朋友說：「那是不可能的。」他已同意了我說的理論。

或者你不會記得全部你曾做過的夢，但是你必須記住，生命正如一場夢。在死時，這個夢結束，並開始另一個新的。你怎麼能夠從一個夢中記得另一個夢呢？但你知道你曾做了一個夢，所以你也應當知道有輪迴生死這回事。

可以這麼說，我們必須挽救前世欠下的債，以使這些債不會再帶到下世去。對於這點，我的朋友說：「如果這是一場夢，那麼我便不需要做任何事情了，因為不管怎樣，這都是錯覺。」但我回答：「如果你不做一些事，你會感到遺憾的。」因此我的朋友做結論：「那麼我就必須努力，直至死的到來。生活有太多的痛苦。」

這些問題和答案，接觸到了什麼呢？便是平常人的生活和無可避免的痛苦。聲聞行者已經從這種生活中解脫出來，但他們仍然還未有佛智的概念。讓我舉一個比擬以顯示佛陀智慧之超越性。

有三獸同時在同一地點過河：一隻大象、一匹馬和一隻兔子。當大象過河時，牠知道河有多深，因為牠的腳是踏在河底的；馬知道靠近岸邊的深度，但不知道河流中間的；兔子則完全不知河的深度，牠只是浮在水面游泳過去。但所有三獸都可以渡過河流。兔子代表小乘聲聞，馬代表大乘菩薩，象代表佛陀。三者都越過了河流，他們都獲得了智慧，在程度上卻不相同。所以甚至一個高深境界的小乘行者乃至菩薩行者，也不能知道佛陀的智慧，何況是平常人。

一般的人們都是從書本上及學習中得到知識和智慧。普通來說，這並沒有錯，但最高的智慧，或甚至最深的情感，是不能以文字來表達的。很多實例顯示了文字的功能極其有限。在很多例子中，我們在報紙上見到，有因戰亂而年輕的孩子逃到了臺灣，與大陸的父母分離了二、三十年，或戀人分開了數年，當這些人一旦重逢時，他們所能做的，可能只有互相擁抱著痛哭一場而已；不僅文字無用，語言也成了多餘的事物。

動念的心需要語文的符號，但這種使用符號的心不能使我們達到很高的境界。通過這樣的心理歷程，我們只能得到有形而且有限的成就，它們將不會引導我們到達佛陀的智慧。

經典告訴我們，假如尚在輪迴中的人，便不會進入佛陀的大覺智海。因為人在輪迴的心中，有生死、得失的念頭，它充滿了煩惱。當我們希望得到快樂，並從不幸中解脫時，就是輪迴心的活動。這正如你在口渴時喝下鹹的海水，你愈喝愈感口渴，你愈感口渴便喝得愈多。快樂與幸福的意義是不明確的，它們是由什麼構成的？社會地位，好的職業、名望，一個幸福的家庭？平常人說這是理想生活的標準，但這些東西不能維持多久。正如上面所舉詩中說的「朝露」，它們在早晨的草上，是那麼地美麗，但太陽上升後，很快地會使它們蒸發掉。它們的存在是很短暫的。

於是那些有輪迴心的人會有兩種態度：追求快樂和逃避不幸。這種態度是愚蠢的；但對於平常人，這又是自然的現象。假如平常人而沒有這種態度，他們將失去生存下去的意願。

追求快樂，正如狗在兜著樹樁追逐牠自己的尾巴；牠一直在轉圈子，以為牠的尾巴是屬於另外的一條狗或什麼動物，但牠永遠追不到它。逃避不幸則如在陽光下行走的人逃避他的影子，他以為影子是邪惡的，他便以快跑來避開它，但他跑得愈快，影子也跟得愈快。這種態度只有使你疲倦。

我的朋友又問我：「我們應以什麼態度來面對我們的命運？」我的回答是這樣的：不論什麼要發生的事，就讓它們發生；我們不必對未發生的事過分憂慮，但卻應該未雨綢繆。假如它們是有益的，嘗試使它們發生；假如它們是無益的，嘗試使它們不發生。如果你生病，除了找醫生治療外，你還能做什麼？如果你沒有生病，你嘗試使自己健康，但你不需擔憂你可能會生病。假如你生病，不必訴苦，也不必與其他人作比較。假如你採用這樣的態度於日常生活中，你會更加快樂。

這種沒有得失心的態度便可漸離輪迴的心。或者對於我們來說，能不能真正過這種生活是一個問題，但這是做為一位菩薩所應有的態度，菩薩不應引起他人痛苦，也不應為自己製造痛苦，但他們也不怕痛苦。在痛苦未生起之前，他們不會畏懼痛苦；當痛苦生起時，不會厭惡它，這樣便不會有真正的痛苦。十五年前，越南有一位叫作廣德的僧侶為了抗議政府排斥佛教的政策而自焚，或者有人問，假如那樣以火焚身的痛苦可以忍受的話，則那些僧侶已可不把任何痛苦視為痛苦了。那當然是會痛的，但是不會因痛苦而起煩惱。

沒有得與失的觀念，不要為追求快樂而避開痛苦，不必為求佛果而脫離輪迴。這就是佛菩薩的特徵。

有人問我是否要錢、要寺院或是否希望受到重視等等。我說，如果這些是有必要得到而又可以得到的話，我不會拒絕的，但我不會因為求之不得而失望。

禪定・禪・神祕主義

我想在此與大家談談有關「禪」與神祕主義。禪是始於中國而非印度。很多人以為禪與禪定是一樣的，禪即是禪定，禪定即是禪。事實上，禪是經過許多不同層次的禪定經驗，或者毫無禪定的修持階段而達到的一種境界。如果行者只是靜坐，而未曾超越禪定的境界，那麼他最多只能保持在內心統一和不動的階段。這類行者假如進到動態和變幻的世界，將很可能失去禪定的工夫，他們內心也將進入一種迷惑、錯亂的狀況。假如一個人希望進入並能保持禪定的境界不退失，便需要不斷地修持，最後是遠離日常生活的世界，進入深山去修行，要不然，在他們捲入日常的人事干擾中，便會很容易失去禪定的境界。可是，即使他已失去禪定境界的能力，憑藉著這樣一次的經驗以後，他也會異於平常人的。比較起那些完全沒有體驗的人來說，他將會趨向於更穩定，並將會對這個世間有更清晰的了解。許多人將稱他為智者。

然而，修禪是不太一樣的。最初使修行者的心達到非常集中或統一的狀態，然後將這個集中的心粉碎或消失。在這時，心便將不容易再回到它本來散漫的狀況，因為心已不再存在了。但是經過一段時日後，這個人可能又回到迷惑的境界。通常我對這些修行境界的介紹是：首先從散亂心進入集中統一狀態的心，這是禪定的境界，到了最後階段，這個充滿、完整、實在的心消失之時，才是禪。在禪的觀點，甚至統一狀態的心，亦被以為是一種執著，執著於和小我私我相反的大我神我。

進入禪定的狀況，自我是無限制、無邊際的，但仍有一個中心為我們所執著。由於有這樣的執著，便會把真與假的界限分得很清楚。宗教裡那些受到崇敬的形象，經常會說他們所看到和所說的，都是真理，而其他人所說的卻是謬誤的、不正確的。這種說法是基於個人的宗教體驗，以及他從這些體驗而生起的堅固信心。在他們的體驗中，他們對於真與假有一個很清楚的區分，這樣的人經常會感覺到他已經離去了虛假的世界而進入一個真實的世界。一種抗拒虛偽世界的感覺將會生起，於是他不願再回到他以前的狀況，而希望保持在這個真實的狀態中。因此，在這種排拒虛假，而堅持實際的掙扎之中，摩擦將會發生於這兩種相對的世界。

禪，並沒有真的或假的世界，也不會傾向於真實或排斥虛假，禪完全包含了真與假，因為它們是平等不二的。因此，禪宗有許多公案，若從平常的角度去看，似乎是自相矛盾，或者不合邏輯的，這是禪宗的一個特色。我自己經常這樣提示我的學生：「鳥在深海裡游，而魚在高空中飛。」這是胡扯嗎？實際上，鳥與魚，本來是沒有名稱的，在沒有分別心的情況下，為什麼不可稱鳥作魚？同樣地，我們的生活也正同如此的情況，那又有什麼需要去尋找一個真實的世界？為什麼我們硬要把世界看成一團糟和不快樂呢？有了假才有真，見到真便有假，真假等視，真就存於假中了。

每個個體的存在是實際存在的，一切法的存在也是如此。現實是不必也不應與虛幻的現象分開的。禪即是如此，超越了平常又回到平常的世界。縱然知道如此，我們還是不能夠說我們已明白什麼是禪。一般人要了解禪的話，必須首先將心念修行至統一集中的狀態，然後，將這種狀態拋開，而返回到平常的世界來。到了這個階段，才是真正的解脫與自在，而在同時，他又活躍地參與這個世界。

因此，若把禪與神祕主義拿來比較，我們可以說，禪者經歷了神祕經驗，但禪本身並不是神祕主義，而是踏實、平凡的生活。

因為當一個人深刻地經驗了統一心的狀態或者得到了禪的體驗，便不會將這些經驗視為不可思議或不平凡，相反地，這種經驗將被視為實際和真實的，並沒有什麼神祕可言，只是正常、平常的生活。因此，站在這個角度，我們可以說，在普通一般迷而未悟的人所看到的，以為是不可思議和神祕經驗，對一個已經達到統一心境或證得禪境的人而言，卻是一個真實、平常、正常的世界。所以依我的看法，若在修道的立場來說，根本沒有神祕主義者這樣東西，如果有的話，只是學術用語中的一個名詞。

第三篇

禪

前言

本書收錄文學博士聖嚴法師在新罕布什爾松壇、紐約市大覺寺及禪中心所做的七次開示。第一篇開示泛論佛法，而非禪的專論。第二篇以極簡明易懂的文字概括描述禪修對身體、心理、精神三方面的利益。第三篇是修禪者由初步打坐觀心到初次進入禪門（即開悟見性）為止所經歷各個層次的大綱。禪的修行是在進入禪門之後才開始的，故此篇所談的不是禪的本身，而是引導修行人進入禪門的一張地圖。對於正在修學卻尚未進入禪門者，可依此篇所述判斷自己離禪門究竟有多遠，並能更清楚地知道禪門恰在何處。第四篇談到禪的公案，包括某些現代美國人參究的體驗。文中暗示參禪人，在臨入禪門之前應有的狀況，進入之後會體驗到什麼，還有開悟的各種層次，並略述參究的方法與禪師的風格。另外就是這次再版增加的三篇：〈禪病〉、〈拜師〉、〈師徒之間〉及四篇的禪七開示錄。

聖嚴法師出生於上海附近的鄉村。十三歲時在當地一家寺廟出家。一九四九年加入國軍，不久隨軍隊由大陸撤退來臺。抵臺之後仍暫留軍中，直到重新剃度出家為止。在臺灣的時期他勤修禪法，深究經藏、律學及論疏，曾在臺灣南部山中茅蓬閉關潛修六年之久。一九六〇年代末期法師赴日本立正大學留學，獲文學博士學位。旅日之際更參訪數名日本禪師，禪法造詣益進。一九七五年冬，聖嚴法師抵達美國，開始在紐約州布朗克斯大覺寺宣揚禪法，教化徒眾。法師善能糅合中國禪與日本禪的風味，更長於觀機逗教，逼拶禪人。

目前他在臺灣與紐約兩地弘化，不久的將來法師與弟子眾將在紐約和加拿大成立禪中心。

附註：紐約「禪中心」已於一九七九年正式成立。

佛教的基礎思想

諸位先生女士：

雖然諸位之中絕大多數是初次見面，但是佛教徒相信，人的生命從片段看，雖然是無常的，從本性看，卻是永恆的；過去，沒有起點，未來，也沒有終點。生和死的現象，不過像是每天早晨起身後穿上衣服，夜晚睡覺前脫下衣服，第二天醒來再穿衣服，夜晚再把衣服脫下一樣。每天的衣服顏色和形式可能不同，穿衣服的，卻是同一個人。生是從死的結束而來，死只是另一次生的開始。所以，站在佛教的立場看來，生未必可喜，死也未必可哀。

因此，通過了過去的無數生和死的過程來看，不論諸位是來自什麼國家、什麼民族、什麼社會背景和什麼宗教信仰，現在固然是朋友，過去也曾經是朋友，今天和諸位闊別的老友們重逢，心中有著無比的歡樂。今後，只要「因緣」具足，我們也將常常有相互見面的機會。

佛教所說的「因緣」，並沒有神祕可言，「因」是因素的意思，兩種以上的因素相互發生關係，便稱為「緣」。比如說，我們全紐約的佛教界，為了慶祝美國建國二百週年而舉行特別法會，松壇的主人希望我們假這個祭壇舉行佛教儀式，諸位應邀來做觀禮的嘉賓，以這幾個因素的相加，便促成了這次盛大的集會。此在佛教而言，叫作因緣成熟。也就是多種因素的配合，必會產生一種結果。

所以這個因緣的觀念，與佛教的另一個叫作「因果」的思想，有著密切的關係。有了因素與因素之間的聯絡和活動，必會產生活動之後的結果，佛教將這前因與後果的原理，透過過去的生與死和未來的生與死的界限，用來說明人生的貧與富、貴與賤、幸與不幸的差別，無非是由於各人自己的行為所造成的結果。

因此，如果你是一個佛教徒，你便會珍惜已經得到的幸運。同時，你在不幸的時候，除了勇敢地設法改善你的命運之外，你是不會埋怨誰的，因為那都是你自己在過去世中的善惡行為，產生的結果。

也許有人希望知道，佛教對於我們這世界的完成乃至將來的毀滅，抱怎樣的看法。告訴諸位，在佛教而言，叫作「因緣起」和「因緣滅」，由於因素的聚散和變動，便有各種現象的產生和消失，消失了又產生。人生是如此，家庭是如此，擴大來講，民族、國家、世界乃至整個宇宙，無不如此。由於生到這個世界來的眾多的生命，在過去的相同或不同的時間和空間中，有過相同的或類似的行為，它的結果，便是這個世界的生起。因為生到這個世界來的生命換了又換，世界的本身也在變了又變，直到毀滅為止。

佛教站在因緣和因果的觀點上，說明了我們的世界，是由生到世界上來的所有生命，共同促成的。當沒有生命需要再到這世界上來的時候，它就沒有存在的必要了。當這個世界在太空中消失後，據佛經中說，可以容受生命的世界，尚有無量無數。

諸位先生女士，佛陀成道後發現的第一句真理，便是「一切眾生，皆有佛性」，這是大乘佛教的精義所在。從佛教哲學的觀點上，解釋「佛性」的觀念，分別有三派不同的立場：

（一）從現象分析，認識佛性，有以《成唯識論》為中心的唯識學派，此派以為人生宇宙的一切現象，全是眾生的行為積聚的業識所變現，業識的本性無所謂善惡，善惡是在於分別執著的煩惱心，如果轉煩惱而成智慧，便是佛性的顯現。

（二）從本體，認識佛性，有以《究竟一乘寶性論》為中心的如來藏學派，此派以為，不論凡聖，眾生的本性是一律平等的，而且是永恆的、寂靜的、清淨的，不過，凡夫的本性，好像被埋沒在石頭中的金礦，聖者便以修行的方法，從虛妄染汙的煩惱心的深處，將佛性發掘出來了而已。

（三）從因緣論，認識佛性，有以《中觀論》為中心的中觀學派，此派主張，凡是因緣所成的，都是空的，此所謂空，是說世間的一切現象及觀念，固然沒有一樣是永恆不變的，即使出世間的清淨佛性，也不可用任何觀念去範圍它。唯有空，並且把空的觀念也空掉，方是真正的自在和無限。佛性有自在和無限的特性，故也並非離開世間而有出世間，世間和出世間的不同，在於有沒有從煩惱心中得到自在而達於無限。

所以，凡夫為解脫煩惱和生死的束縛而求成佛，成佛之後，為救度眾生，仍然在凡夫群中活動。這便是「非空非有」的中觀思想。

可惜限於時間，今天無法向諸位詳細介紹佛教的修行方法，相信因緣成熟的時候，諸位一定能有機會知道它，所以祝福諸位早日成佛。

多謝各位。

（一九七六年八月十五日講於美國松壇）

坐禪的功能

一、坐禪即財富

近世以來，由於科學的長足進步，為人類解決了不少來自自然環境、社會環境，以及生理和心理等各方面的難題。但是，等待著我們去解決的難題，也隨著人類物質文明的進展而愈來愈多。實際上，直到地球毀滅的那天為止，自然環境加諸於人類的難題是不可能全部克服的，直到我們的肉體死亡的那一瞬間為止，對於身體的機能是無法完全控制的。至少，人類無法阻止太陽熱能的漸漸消失，所以，地球的衰老與毀滅，將是無可避免的事。又由於人類無法阻止生理機能的漸漸老化，所以，肉體生命的必將死亡，也是無可避免的事。

然而，當地球尚可為人類居住的一天，我們應該設法改善自然環境，使之更有利於人類的生活與生存；當我們的肉體生命尚繼續活著的時候，我們就該設法改善身心的健康，使我們生活得更舒適愉快。這雖是現代科學的課題，但卻不能將此責任交給現代科學，因為推動科學，要仰賴人類的智能和體能，要想發掘潛在於人類身心深處的最高智能和體能，唯有坐禪才是最好的方法。

坐禪的方法，雖是淵源於東方人的智慧，事實上，不論東方或西方，凡是偉大的宗教家、哲學家，傑出的政治家、科學家、藝術家等，多少均須得力於若干禪的功能，即使未必採取特定的坐禪姿勢或坐禪的名稱，就他們發揮出超乎常人的智力和毅力的本質上說，與坐禪的功能是相應的，只是他們不知道那是出於禪的功能而已。由於他們的天賦高於常人，故在不自覺的情形下，能夠得到若干禪的功用，使他們成為傑出的偉人。

我們既已知道，坐禪是發掘並發揮人類潛在智能和體能的最佳方法。所以透過禪的訓練不難把普通人改造為傑出的偉人，將天賦低的人變優秀，體魄差的人變強健，優秀者使之更優秀，體魄強健的變得更強健，使人人皆有成為完人的可能。所以，坐禪是健全人生、建設社會、改善一切環境的最佳方法。對常人而言，坐禪可以堅強意志，改變氣質。在生理方面，可以得到新的活力；在心理方面，可以得到新的希望，對周遭的一切環境方面，可以得到新的認識。因此，坐禪能使你獲得一個嶄新的生命，能使你發現你是多麼地幸福、自由和生氣蓬勃。

坐禪的功能，主要是由於心力或念力的集中於某一個抽象或具象的念頭而來。所以，在行、立、坐、臥的任何姿勢，均可能發生禪的反應。不論是沉思、默禱、禮拜、讀誦，乃至細心的審察、凝神的傾聽等心無二念之時，均有發生禪之反應的可能。然而此等狀態下的禪的反應，是可遇而不可求的，對於絕大多數的人是不易發生的，縱然在極少數人的身上，偶然發生一、兩次，卻無法求其經常發生。

正因如此，發源於東方的禪的修習方法，便成為必要。如果你希望得到它，而去跟隨一位禪的老師學習的話，這方法將使得可遇而不可求的禪的經驗，成為人人皆有機會獲得的財富。

二、可貴的人身

求取禪的經驗，不限定採用某種特別的姿勢，比如正在病中的人、生理機能有殘障的人，或者工作特別忙碌所謂席不暇暖的人，他們可以躺在床上、坐在輪椅上，或在巴士站、電車站、車上、工作房等的任何地方，或立或坐，均可照著老師所教的禪的方法，做數分鐘乃至數小時的實習。

效果最大、見效最快的方法，當然是採取雙腿盤坐的姿勢。初開始學坐禪的人，尤其是中年以上的人，若想把雙腿盤坐的姿勢，坐到馴熟，並且享受到坐禪的樂趣的程度，必須先有忍耐兩腿疼痛及麻痺的心理準備，兩腿的痛和麻，也正是初坐禪者和他自己的怯弱面，做艱苦戰鬥的一段歷程，當他通過了這段歷程時，至少他的意志力，已戰勝了他的畏懼艱難而不敢面對現實的退縮心理，在人生的境界上，他已悄悄地向前邁進了一步。

在所有的動物之中，唯有人體的構造，能夠採取盤腿而坐的姿勢。所以，坐禪的方法，只對人類而設，坐禪的利益，只有人類才有機會享受。

我們應該慶幸，能夠生而為人，也該珍惜我們得到的人身。因為，從坐禪的實習之中，可以得到三大利益：1.堅韌的體魄，2.敏捷的頭腦，3.淨化的人格。所以釋迦牟尼佛，經常對其弟子們讚歎人身的可貴，並且強調，從天上至地下的各類眾生之中，唯有得到了人身的眾生，最適合修行佛道。

三、科學家所見坐禪的功效

坐禪的好處，是從身心的反應而被發現。根據日本京都大學（Kyoto University）心理學教授佐藤幸治（Sato Koji）博士所著《禪のすすめ》（*Zen no susume*）中的報告，坐禪有十種心理方面的效果：

（一）忍耐心的增強。
（二）治療各種過敏性疾病。
（三）意志力的堅固。
（四）思考力的增進。
（五）形成更圓滿的人格。
（六）迅速地使得頭腦冷靜。
（七）情緒的安定。
（八）提高行動的興趣和效率。
（九）使肉體上的種種疾病消失。
（一〇）達到開悟的境地。

又根據日本的醫學博士長谷川卯三郎（Hasegawa Usaburo）所著《新醫學禪》（*Shin Igaku Zen*）中的報告，提出了坐禪的十二種功效，治十二種疾病：

（一）治療神經過敏症。
（二）胃酸過多及胃酸過少症。
（三）鼓腸疾。
（四）結核病。
（五）失眠症。
（六）消化不良。
（七）慢性胃下垂。
（八）胃、腸的 Atonie。
（九）慢性便祕。
（一〇）下痢。
（一一）膽結石。
（一二）高血壓。

坐禪的最高目標，固然在於轉迷成悟。如果一開始便高談迷悟的問題，除了極少數根基深厚的人之外，對於大多數的人而言，是不切實際的。所以我們不得不借助科學的研究報告，向讀者介紹坐禪對於身心所能產生的效果。此對於已有實際坐禪體驗的人，沒有用處；對於希望嘗試坐禪經驗的人，則有若干誘導作用。

四、身心安全的保障

人們在日常生活中，對於自己身心了解的程度，是極其有限的，一個人在心理活動方面，每天究竟有過多少的念頭波動起伏，固然無暇審察，即使剛剛滑過的一分鐘之間，有過多少什麼樣的念頭？主要的一、兩個，或尚有點印象，許多微細的、一閃即逝的念頭，就弄不清楚了。再從生理的活動方面探討，細胞組織的新陳代謝，生滅不已，從常識上說，你是知道的，從感覺經驗上說，你是無法知道的。當然，我們也沒有把這些問題弄清楚的必要。

重要的是，處身現代工商業社會中的人們，不論從事學問或其他職業、不論為個人謀生活或為大眾謀福利，處處均需要運用高度的智能及強韌的體能。但是，人們卻很少知道，在其智能及體能的寶庫深處，有著很大的漏洞，將大量的能源無謂地漏掉，同時，又不能生產出應該可以生產的足夠能源來。這可稱為能源的浪費，也是生產量的停滯，既未盡力開源，也未能適當地節流，實在是極其可惜的事。

這個漏洞是什麼？就是各種雜亂的妄念，消耗了體能，降低了智能，妄念之中尤其是使情緒激動的強烈欲望、憤恨、傲慢、失望等，均能使得生理組織，發生震撼而失去平衡的作用。假如學會了坐禪的方法，你就能夠減少那些雜亂及無益的妄念，使你的頭腦經常保持輕鬆與冷靜的休閒狀態，當需要用它來解決問題的時候，便得以充分地發揮它的最高功能。又能使你的全身各種內分泌腺，保持著相互調配、合作無間的工作狀態，促進交感神經系統與副交感神經系統的相互為用。

比如交感神經系統的腦下垂體、松果腺、耳下腺、胸腺等，有收縮血管、升高血壓，使得全身的興奮機能活躍起來；表現於外，則為反應機警敏感等的功效。副交感神經系統的副腎、卵巢、睪丸、胰臟等的內分泌腺，有擴張血管、降低血壓、緩和興奮機能的作用；表現於外，則為沉著穩定的功效。兩者的優點相加，便可形成完美的人格，偏於任何一邊，均有它的缺陷。

我們知道，由於工作緊張、用腦過度，或者由於某種外來因素的刺激，不論是狂喜、暴怒等，均能使得血管收縮、脈搏跳動的次數增加、血壓升高、呼吸急促，結果，便可能形成腦溢血、失眠、心悸、耳鳴、神經過敏、消化不良等的病症。這是因為，當你的情緒在劇烈地激動之時，你的血液中，由於內分泌腺的工作，失去了平衡，所以出現了毒素。

內分泌腺在正常狀態下是促進人體健康的。若失去平衡，便會對人體健康亮起警報的紅燈。坐禪的功效，能使人將浮動的情緒，轉化為清明而平靜的情操，臨危險，不恐懼；逢歡樂，不狂喜；得之不以為多，失之不以為少；逆之不以為厭，順之不以為欣。所以它能成為你身心安全的保障。

五、身心的調和及解放

說得更清楚些，人體的交感神經系統與副交感神經系統，應該經常保持平衡發展，否則，除了在生理上的不健康之外，在心理及性格的發展上，也是不健康的。如果偏於前者，他將是敏感、自私、急躁、易怒和缺少友善、不得人緣的人。如果偏於後者，他將是渾厚、老成、樂天、和善的人。

前者發展的結果，好的一面，可能成為孤傲的哲學家、精明剛強的軍事家、憤世嫉俗的書生；壞的一面，則可能成為剛愎自用、暴戾成性、頑劣不羈的人物。後者發展的結果，好的一面，可能成為悲天憫人的宗教家、寬宏大量的政治家、胸襟開朗的藝術家等；壞的一面，則可能成為沒有理想、不辨善惡、不明是非、為人處事缺乏原則的爛好人。

當然，如果僅僅偏於一邊的發展，那是決定傾向壞的一面，如已從好的一面現出特色，必定多少是得力於兩者的調和。

坐禪，是協調全身的組織機能，步上正常的工作，並助其發揮最高功能的方法。下手處，是以調身、調息和調心的方法，減輕交感神經系統的負荷，沖淡主觀意識的影像，將自我中心的界限，漸漸向外擴大，乃至忘卻了自我的存在，主觀意識便會消融於客觀意識之中，到了這種境界的人，種種的煩惱，雖未徹底解除，對他已不會構成身心健康的威脅。

貪欲、瞋恨、不反省自己、不原諒他人、不分析事理而形成為煩惱的原因，即在於主觀的意識太強烈。以為他雖與一切事物相對立，一切事物均不應與他的主觀意識相違背。未得之時，他要追求；求得之後，可享受之事物唯恐失去，可厭的事物又唯恐脫不了手。求不到時，固然煩惱，求到之後，依然受著各種煩惱的包圍。

唯有坐禪的方法，可將人們從自我中心的主觀心態，漸漸地轉變為客觀心態，從主觀的煩惱陷阱之底提救，冉冉上升至客觀的自由世界，因而得到身心的解放。

六、長壽、愉快

減輕交感神經系統的負荷，與呼吸很有關係，常人均以肺部為呼吸的重心，坐禪的人，則將呼吸的重心，移至小腹，我們稱它為丹田、氣海，目的在以腹壓為媒介，再以意志支配副交感神經系統，擴張血管、降低血壓、鬆弛興奮機能、大量分泌 Acetylcholine，產生鎮定、安靜、解毒的功能。

呼吸的重心，由胸部移至小腹，不是一、兩天的工夫可以辦到的。有些教瑜伽術及氣功方法的人，即主張以腹式呼吸，來達成這個目的。不過，那種方法，並不能適用於所有的人，有些人的生理機能，由於先天或後天不同，如硬用強制手段，做腹式呼吸的實習，便可能導致疾病。

安全的方法，是順乎自然，將注意力集中在呼吸上，勿求急功，保持平常呼吸繼續實習下去，日子稍久，呼吸的速度自然緩慢、次數自然減少、深度也自然向下延伸，有一天，你將會發現你的呼吸重心，已從胸部下降到小腹去了。

腹部呼吸，能使儲存在肝臟及脾臟內的血液，輸送到心臟以發揮其功能。肝和脾有造血並儲血的功能，在這血庫之中，藏有人體總血量的三分之一，心臟及全身的肌肉內各占三分之一。肝和脾的血液，平常不進入循環系統，只有必要時，始適量地補充心臟內血液的不足。腹部呼吸，則等於為人體增加一個輔助心臟，使得循環系統內的血液量增加一倍。

血液量增加，輸送營養的功能加強，能使已經萎縮了的細胞組織，賦予活力而健全起來，使得閉塞而將死的細胞組織，漸漸地復甦而賦予再生的機能。正因如此，坐禪能夠治病，能夠破除種種所謂奇難雜症、慢性病的病灶。

當你患了醫藥不易奏效的怪病之時，不妨學習坐禪。坐禪雖不能像割除盲腸那樣，使得患者手到病除，但是它能安定你的情緒，減少對疾病的恐慌及畏懼，也能減輕疾病加諸你痛苦的感受。縱然，人的生理機能，有其一定限度的壽命，坐禪不能使你永遠不老不死，但它能夠使你活得較久、活得比較愉快有趣，乃是可以辦到的事。

七、培養完美的人格

完美的人格，可從教育、藝術、宗教等熏陶之中養成，但那並不完全可靠。有些人迫於名利及權勢等欲望的誘惑，接受了教育、藝術、宗教的熏陶，在人前也能表現出高尚的人品和聖潔的行為，他們的內心，卻包藏著不可告人的熊熊野心和陰謀詭計。這些人，我們稱之為雙重人格。

因此，世間有受過良好教育的偽君子，也有藏形於教會之內、列身於教士群中的魔鬼。因為，不論是宗教的教條、教育的倫理、藝術的欣賞，均係由外來的灌輸，甚至是權威的高壓，這些與個人內在的欲求，未必都能夠吻合。

坐禪，是培養完美人格的最好方法，它是由於內發的自覺，而達到人格昇華的目的。不需教條來施予任何壓力。倫理、道德，對於坐禪的人是沒有用處的東西。而且，宗教的教條、倫理的標準、道德的尺度，均會由於時代、環境及對象的不同而失卻其可通性。所以，近世以來的新興宗教之出現，幾乎如雨後春筍，乃至佛教也不例外。

禪雖脫胎於佛教，因其不假外緣，不立文字，故係萬古長青的修行法門。坐禪的實習，是將「自我」這樣東西，像剝芭蕉樹一樣地，一層妄念又一層妄念剝光之後，不但見不到一個裝模作樣的我，連一個赤裸裸的我也見不到的，起初是將自我暴露出來，最後則根本無物可讓你暴露。

所以，坐禪的人，不必向別人掩飾什麼，也不必為了改造自己而感受到來自外在的壓力，更不需像忍受著痛苦割除毒瘤那樣地掙扎的必要。

坐禪，只是循著修習的方法，漸漸地將妄念減少，乃至到了無念的程度，你自然會發覺你過去的存在，只不過是存在於一連串煩惱妄念的累積之上，那不是真正的你。

真正的你，是與一切客觀的事物不可分割的，客觀事物的存在，是你主觀存在的各部分而已。所以你不必追求什麼，也不必厭棄什麼，你的責任是如何將你的全體，建立得更有秩序、更完美。

坐禪的人，到了這樣的程度時，他將是一個熱愛人類的人，也將是熱愛一切眾生的人。他的性格，將會開朗得如春天的陽光；縱然為了接引及教化方法的運用，在表情上也有喜怒哀樂，他的內心則必是經常平靜而清澈得如秋天的明潭。這種人，我們稱他為開了悟的人，或稱之為賢者、聖者。

釋迦牟尼佛曾說：「一切眾生無不具備佛的智慧和功德。」如果你嚮往坐禪者可能得到的利益，你的願望必將成為事實。不論男、女、老、少，不別智能的優劣、體能的強弱，也不問職業、地位和宗教信仰，禪的大門是為一切人開放的。

只是有一句極要緊的話，必須告訴你，你看了這篇討論禪的文章，這篇文章的本身，絕不等於「禪」那個東西。坐禪的事實，尚等著你下定決心，並以恆心來實際地跟著你所信賴的老師去學習，否則，這篇文章僅僅為你增加了一些知識的葛藤，無助於你希望學禪的一片好心。

從小我到無我

一、禪是什麼

首先我想告訴你的，禪不即是知識，知識並不離開禪；禪不即是宗教，宗教的功效，可以從禪而獲得；禪不是哲學，哲學卻無法超越禪的領域；禪不是科學，科學重實際、重經驗的精神，亦正是禪的要求。所以請你不要以好奇的心理來探索禪的內容，因為禪不是東方人帶來的一樁新事物，自從有了空間和時間以來，禪就普遍地存在於無窮大的空間，與無限長的時間之中。

不過，在東方的佛教，未傳到西方社會之前，西方人不知道禪的存在，東方人來到西方所教的禪，事實上不是禪這個東西，只是由於二千五百年前，有一位出生在印度的王子名叫 Siddhārtha Gautama 的人，最初發現了禪，而開了悟，稱為 Buddha 之後，告訴了我們認識禪的方法，這方法由印度傳到中國，再傳到日本。印度稱它為dhyāna，中國的發音為Chan，日本的發音為Zen，其實是一個東西。總之，禪是普遍而永恆的存在，它用不著任何人來傳授，需要傳授的，乃是如何親自體驗這個禪的方法而已。

有人把禪，誤解為一神祕經驗，或以為可以透過禪的經驗而獲得超自然的能力。當然，從坐禪的修習過程中，可能使你在生理及心理的感覺上，產生種種奇異的現象，也能夠從身心統一的練習之中，達到以心力來控制或轉變外在事物的目的。這些被視為宗教奇蹟的現象，不是學習坐禪的目的。因為這些現象，僅能給人一種好奇心和誇大狂的滿足，不能解決人們現實生活中的問題。禪是從問題的根本著眼，不先從外在的社會環境及自然環境的征服著手，而是先從對於自我的徹底認識做起，當你認識了你的自我是什麼的時候，也同時消失了你現在所以為的這個自我。這個自我觀念的重新認識，我們稱它為開悟，或者稱為見性，這是為你徹底解決現實問題的開端。結果你會發現，你的個人與全體的現實，是一個整體，不應分割也不可分割的。你自己有缺陷，才看到環境有缺陷，好像一面凹凸不平的鏡子，裡面反映的影像，也都是扭曲了的；又像波浪起伏的水面上，反映出來的月亮，也是不完整、不寧靜的一樣。假如鏡面是光滑平整的，水面是風平浪靜的話，鏡中的影像、水中的月亮，就會使你產生如詩如畫的美感了。所以，從禪的立場看人類所感受的苦痛與不幸，主因不在我們所處這個地球環境的惡劣，不在人類社會的可怕，乃在於未能認識自我的本性。

所以，禪的方法不是指導我們逃避現實，更不是教我們學著澳洲的鴕鳥那樣，把向敵人做警戒的視線，收回來，藏到泥土裡去，就以為一切問題都解決了。因為禪不是自我催眠式的唯心論者。用禪的工夫可以消除自我，不但自私的小我可以消除，並且把哲學上被稱為真理及本體的大我也要消除掉，那方是絕對的自由。因此，一個成功的禪者，不會覺得各種的責任是負擔，也不會覺得生活的條件是對人們的壓力。他只覺得永無止境地發揮生命的活力，是絕對自由的表徵，所以禪的生活，必然是正常的並且是積極的，它是愉快的並且是開朗的。原因是，禪的修行，是給你源源不絕地提供方法，開發你智慧的寶藏，開發愈深，得到的智慧愈高，到最後，全宇宙的智慧都為你所有，那時在你看來，包羅一切空間及時間，無一不在你的智慧觀察範圍之內，這時的智慧即成為絕對，既是絕對，便連智慧這個名詞也用不著了。到這地步，使你追求名利權勢的自我，或者逃避困苦艱險的自我，固然不見了，縱然是能使這自我消失的智慧，對你來說，也是不必要的觀念了。

當然，一個修學坐禪的人，要想到達這個程度，從頓悟的觀點上說，雖然極容易，在走向頓悟之門的歷程之中，則必須先有一番努力。否則，修習的方法，豈不成了無用之物。

二、坐禪的三個階段

目前，我在美國教的坐禪方法，共分三個階段：

第一階段，平衡身心的發展，達到身心的健康：對身體方面，我們注重行、坐、站、臥的各種姿勢的示範和糾正；同時教授行、坐、站、臥各種運動的健身方法，這是綜合印度的瑜伽及中國的導引，自成一套適合於坐禪健身，並有助於坐禪功效的運動方法。所以，一個坐禪而有了若干效果的人，他的身體必然是健全並且能夠忍苦耐勞的。對心理方面，我們注重人的煩躁、多疑、憂慮、恐懼、意志渙散等情緒的消除，使之建立自信、果斷、樂觀、寧靜和穩定的情操。

一個好學生，在我們這裡上了五堂課至十多堂課，就可完成第一階段，而能得到如上的兩項顯著的效果。所以我們有一位學生在其報告中說：「我覺得打坐對我及另外好些人極有用處，我們無論由於職業性或習慣性，差不多每分每秒都在用腦的人，打坐確實是很舒服、很需要的一種休息和調劑，即使沒有更遠大、更重要的目標，僅僅這一點，打坐已經是一種值得的修行。」

我給每一班學生上第一堂課的時候，總是要問他們每一個人，來學坐禪的目的是什麼？希望在身體方面獲得利益，抑是希望在心理方面求取幫助？大多數是為了在心理方面求幫助而來學禪。可見今日生活於美國社會中的人們，在現實環境的強烈刺激和壓擠之下，神經過度緊張，有很多人的心理都失去了平衡，除了嚴重到要去請教精神科醫生之外，他們就來學習坐禪。我有一位婦女學生，她是某一著名大學非常優秀的講師，初次見我，便問我能不能幫她一個忙，替她解除緊張不安的情緒，我說這對於學習坐禪的人而言，乃是太容易的事了。結果她在上了課之後，便覺得坐禪對她的生活乃是一大恩惠。

這第一階段的方法很簡單，主要是使你放鬆全身的肌肉和神經，將注意力集中於你所學到的方法上，因為肌肉和神經的緊張，關係著你的頭腦的活動，如何減輕你的腦部的負荷，是關鍵所在。當你的妄念及雜念漸漸減少之時，你的腦部就可漸漸地得到休息，腦部對於血液的需求量便愈來愈少，使有更多的血液，遍流全身。同時由於你腦部輕鬆的緣故，全身的肌肉也放鬆了，因而血管放大，周身感到舒適，精神自然感到爽朗，頭腦的反應也自然更為明快和輕鬆了。

如果僅為身心的平衡，而來學坐禪的人，學完第一階段，大概就覺得夠了。可是有很多的學生，經過了第一階段，尚不夠滿足，有的學生根本也是為了第二階段的目的而來。

第二階段，從小我到大我：當在第一階段的時候，僅能使你把混亂的心念，集中起來，練習注意力的集中之時，照樣尚有其他的雜念，在你的腦海中或多或少地時隱時現。在觀念上，你的目的，是為了身心的健康，為了使自己練習坐禪而獲得利益。所以，純粹是自我中心的階段，談不上哲學的理想或宗教的經驗。到了第二階段，便要使你從小我觀念中解放出來。到了第二階段，才是進入冥想（meditation）的程度，在練習老師所教的修行方法之時，要把小我觀念的範圍擴大，大到與時間及空間等量齊觀，小我融入於整個的宇宙之中，與宇宙合一，向內心看時，無限深遠，向外界看時，無限廣大。既然已與宇宙合而為一，自己的身心世界便不存在了，存在的是無限深遠及無限廣大的宇宙，自己不僅是宇宙的一小部分，乃即是宇宙的全體。

當你在坐禪時，得到如此的體驗之後，你便能理解到哲學上所講的理念或本體是什麼了，現象的存在，又是什麼了。因為，一切現象，是本體的浮面或表層。以膚淺的觀點看起來，一切現象，雖然千差萬別，各有不同的性質，實際上，現象的差異，並無礙於本體的完整。比如我們所處的地球，雖有無法計算其類別的動物、植物、礦物，或氣體、液體、固體，不斷地在生滅變異，這是地球的現象。若從地球之外的其他星球來看地球，它僅僅是一個物體而已。只要我們能有機會擺脫自我或主觀觀念的束縛，站到全體的客觀立場，來觀察一切現象，就會把對立和矛盾的觀念打消。假如再將本體和現象，用一棵樹來做比喻，樹，無論大小，若從樹葉或樹枝的各個立場看，它們是有差別的，各葉與葉之間，各枝與枝之間，也會發生互相摩擦的現象，若從樹的根幹的立場看，不論是樹的哪一部分，無一不是統一的整體了。

在這第二階段的過程中，能使你體驗到，你不僅是孤立的個別存在，你是普遍地存在於深廣無限的宇宙之中，你與環境之間的矛盾，不存在了，對於環境的不滿、憤恨、喜愛、渴望，也即是排斥和追求等的心理，自然消失，你所感受到的，乃是寧靜和充實，因為消除了自私的小我，能把一切人和一切物，都視為由我的本體所產生的現象，所以愛一切人和一切物，如同愛護小我一樣，這就是一般大哲學家的心量了。

當然，一切偉大的宗教家，也必定曾經有過這第二階段的體驗，當他們從小我的境域中解脫出來之後，發覺自己的本體，即是全體宇宙的存在，自己與宇宙萬物，無二無別，萬物的現象是由他們的自體衍生出來。他們有責任愛護萬物，也有權力支配萬物，好像我們有責任愛護自己所生的子女，也有權力自由支配屬於自己的財富一樣。這就形成了神與萬物之間的關係：把他們從冥想中體驗到的宇宙本體，人格化而構成上帝的信仰；把上帝自愛這個大我的觀念，具體化而構成救世主或神的使者的使命；把一切現象統一化而認作被創造及被救濟的對象。結果，有些大宗教家，以為他們的靈的本質與神是相同的，由神的現實化而成為人，所以他們本身是救世主；有些宗教家，以為他們的靈的本質雖與神相同而不可分割，他們的肉體的現象，則為奉神之命而來世間傳達神意的使者。

一般的哲學家或宗教家，到了第二階段的頂峰，便會覺得他們的智慧是無限的，力量是無窮的，生命是永恆的了。但是，「我」的範圍愈大，自信心的程度也愈強，強烈的自信心，實際上就是優越感和驕慢心的無限升級，所以稱為大我，所以也並不等於已從煩惱中得到了徹底的解脫。

第三階段，從大我到無我：人到了第三階段的高峰之時，自覺到「我」的觀念已不存在，但那僅是揚棄了自私自利的小我，並未能把本體的理念或者神的實在也否定掉，不論你稱它為真理、唯一的神、最高的權威、不變的原則，乃至佛教所稱的佛陀，如果你以為它是實有的話，那都不出乎大我的境界，均不出乎哲學及宗教的範圍。

必須告訴你，到了第三階段，才是禪的內容，禪是無法想像的，它不是一種觀念，更不是一種感覺，不是可用任何抽象的理念或具體的事物來說明它的。冥想固然是普通的人通向禪之道路的應經過程，到了禪的門口，冥想的方法也用不上力了。正像用各種交通工具，把你一程一程地轉運到最後一個地方，前面是一座高山的峭壁，這座峭壁，向上看不見其頂，向左右看，不見其邊際。這時有一位曾經到過峭壁那邊的人，向你指著峭壁說，禪的天地就在這座峭壁的那一面，通過峭壁你就進入禪境了。但是，他又告訴你，你別寄望用什麼交通工具，飛越它，或者繞過它，或者穿透它，因為它是無限的本身，你不可能用任何方法通過它。

縱然是一位高明的禪師，把學生引到此處之時，也會覺得無能為力了，他雖是過來人，他卻不能把你拉過去，正好像母親飲食，不能使得她的不肯飲食的嬰兒解除飢渴的道理一樣。這時候，他唯一能夠幫助你的地方，是告訴你，把你過去的一切經驗，一切知識，一切你以為是最可靠的、最偉大的、最實在的東西和觀念，全部解除，連你要進入禪境的希望也得解除掉。正像你要進入一座特別神聖的建築物之前，那個守門的人，告訴你，不但不准攜帶兵器，連所有的衣帽鞋襪也要脫下，不但要一絲不掛，連你的肉體和心靈也要全部解除了，方許你進去。因為禪是無我的天地，當你心中尚有一絲憑藉之物的時候，便無法與禪相應。所以禪是智者的領域，也是勇者的領域，若非智者，不能相信解除了一切的憑藉之後，尚有另一個境界會在你面前出現；若非勇者，要把自你有生以來，不論是思想的或知識的，精神的或物質的，所有的一切，全部拋棄，是很難做到的。

也許你會問：要做如此大的犧牲，進入了禪境之後，又有什麼益處呢？告訴你：當你存有這個問題之時，你是不能進去的，求取利益之心，不論為己或為人，都是有我的境界。中國禪宗的第六祖，教人進入禪境的開悟方法，是「不思善，不思惡」，也就是把我與人、內與外、有與無、大與小、好與壞、煩惱與菩提、迷與悟、虛妄與真實、生死之苦與解脫之樂等等的對立的觀念，全部打消了，禪境與悟境才會發生在你的生命之中，使你獲得一個新的生命，這新生命是你本來就有而未曾發現過的。禪宗稱它為父母未生你之前的本來面目。這既不是肉體身心的小我，也不是宇宙世間的大我，乃是不受任何煩惱束縛困擾的徹底自由。要進入這樣的禪門，並非易事，許多人學了數十年的禪，靜坐了數十年，仍然不得其門而入。如果你的因緣成熟，或者遇到了高明的禪師，在他的悉心督促之下，進入禪門，也不困難，他會採用種種使你看來似乎違背常情常理的態度、動作、語言，做旁敲側擊的引導，使你很快地達成進門的目的。當這位禪師告訴你，你已進門的時候，你才發覺，禪是無門可入的，未入之前不見門在何處，進入之後，門也並不存在，否則便有內外之分及迷悟之別了，若有分別，仍不是禪。在第二階段時，雖已覺得我是不存在的，宇宙本體或最高的真理，仍是存在的；雖然承認，一切差別的現象，不過是宇宙本體或最高的真理的衍生，內在的本體和外在的現象，仍是對立的，除非等到一切現象的差別，全部消失而回歸於真理或天國之時，才是絕對的和平及統一之外，當現象界還在活動著的時日，矛盾和憂患、痛苦與罪惡，仍是免不掉的，所以哲學家和宗教家，雖見到了本體的寧靜，卻無法驅除現象的混亂。

進入了禪境的人，所見的本體和現象，不是兩樣對立的東西，甚至也不能用同一隻手的手背和手掌來做比喻。這因為現象的本身，就是本體那個東西，離開現象，並不另有本體可求，本體的實在，即在於現象的不實在之中；現象是變幻不已的，沒有常態的，這就是真理。當你體驗到了現象不是實在的東西之時，你便從現象造成的一切的人我、是非的觀念，以及貪欲、憤恨、憂慮、驕慢等的煩惱心中得到解放。你不必追求寧靜和清淨，也不必厭惡煩惱與雜穢。你雖生活在現實的環境之中，任何環境，對你而言，無處不即是清淨的佛土，未悟的人看你，你是平常的人，你看平常的人，則無一不與諸佛相同。你自覺你的自性與諸佛的自性一樣，佛的自性普遍於時空，所以你會不期然而然地運用你的智能和財力，普施於一切處、一切時的一切眾生。

這是我向你透露了一點進入了禪的悟境之後的心境，也是從小我而到無我的修行過程。不過，最初開悟而進入禪境的人，在禪境的歷程上，尚在起步的階段，好像一個從未喝過葡萄酒的人，初嘗一口，他就知道葡萄酒的滋味是什麼了，喝過之後，葡萄酒不會永遠留在他的口中。禪的目的，不是教你淺嘗一口即止，而是要你把整個生命，與葡萄酒融合為一，乃至忘卻了你或葡萄酒的存在為止。因此，初入禪境，不過是初嘗一口無我的葡萄酒而已，嘗到一口無我的滋味之後，還有多少路程要走？尚有怎樣的景色可見？如有機會？下次再告訴你吧！

公案

流傳到今天的「公案」，是禪宗師徒間的對話、教誨和名言。「名言」不專指言語，因為往往師父和弟子都沒有說話。禪宗「不立文字」，所以不光是指文字、語言而已，還包括了所有的溝通方式。公案裡的動作、說詞只不過暗示答案，並不直接提供答案。

一個對「禪」體認不足或不了解禪修特質的人，公案對於他，就像是瘋子間的對白而已。大致說來，容易懂且涵義相當明顯的公案最淺，而莫名其妙、語義不明的公案程度比較深。所謂「悟」，有各種不同的層次，禪宗師徒間的對白常常反映這一點。此外，悟到很深境界的人，通常可以分辨出某個公案屬於某個層次，甚至同一個公案內，這一句是指這一個層次，而另一句所指則是另一個層次。

昨天有一個學生問我：「學生能不能分辨『悟』的不同境界？他的師父能

不能看出他有沒有進步？」我回答說：「學生不進步的話，他當然不會有什麼感覺。但是如果他真的有進步，各種層次的差別就會很明顯，幾乎可以說就像單身生活和婚姻生活的差別一樣。學生應該可以感覺到他有沒有真正的進步。當然，他的師父也應該看得出來，假如他看不出來，他大概不是個很好的老師！」

我在禪七的開示中也常說：「一個人未入禪門之前，用功用到不知自己在吃什麼，在喝什麼，不想睡覺，眼前的景物視而不見，周圍的音聲聽而不聞，雖然如此，但還是沒有進入禪門。」這個階段叫作「忽略現實」。入門之後，他才能恢復一種比較正常的心態，他的自我、自卑感，都會減少。

有一個公案提出這麼一個問題：「尼姑是什麼做的？」回答：「是女人做的。」這彷彿是個很平凡的答案。如果平凡人說出這個答案，就沒有什麼稀奇。但是一個下過苦功的人說出這個答案，就表示他已經開悟了，只是悟的境界不見得很深。打禪七的時候，一個學生經過一番用功，終於入門了，我問她：「妳在哪裡？」她說：「我在這裡。」「妳坐在哪裡？」「我坐在椅子上。」像這種悟境雖然不很深，但的確是入門了。——此時她已經恢復了一種比較正常的心態。

今年打七的時候，我告訴一個學生：「如果你給我的答案跟去年一樣，我就要打你香板，因為你並沒有進步。」剛開始幾天，他仍然給我同樣的答案，而在一回小參報告的時候，我拿了一支香板問他：「這是什麼？」去年他回答說：「是一支香板。」但是這一次他遲疑了，不敢講同一個答案。他想了一下，說：「是佛性。」聽到這裡，我又打了他一頓香板。

從知識的觀點來看，說「香板」是很正確的。從佛法的觀點來看，說是「佛性」也沒錯！不過，這個答案，並不是發自他的自證，所以挨打是應該的。

另外有一個學生，下了幾天的工夫後，來找我談。我手上剛好有一朵野花，就問他說：「這是什麼？」他回答說：「一朵花。」「什麼顏色？」「黃色。」我打了他一頓香板。他很不以為然，說那個真的是一朵黃色的花。我又打了他，並說：「這不是花，也不是黃色的。」他又繼續不眠不休地用心努力了一天半，然後來找我。這次我手上有一根地上撿來的枯枝。他從我手上拿過去，然後又遞還給我，說：「我沒有話說。」我說：「好。頂禮三拜。」

這些都是活生生的公案。你們大概沒有幾個人能了解這些舉止背後的意義。這些事看起來大概就是瘋瘋癲癲而已。不過，一個學生不應該認為他可以裝瘋以得到我的讚許。這是根本沒辦法做假的——有人想裝的話，他一進到方丈室，我就會打他，趕他出去。前一陣子有一個學生來找我。他驕慢地直視著我說：「師父，您可以考我。」他說完，我只是看著他。他又說：「您可以考我。」我還是看著他，然後，他低下了頭。我跟他說：「你很有勇氣，可是你沒有用功。你這樣子永遠入不了門。」很奇怪的，這個學生現在很少來了。

前一個公案，我跟學生說：「黃花不是花，也不是黃的。」我這樣做，就不是個好師父，因為我這麼一說，省掉了學生三年的苦修。事後我問他：「你入門容易嗎？」他說：「不容易。」「沒有師父，你可不可能入得了門？」「不可能。」其實我對我的美國弟子很寬厚，給他們提示、指導，讓他們更快入門，以便嘗得一點禪味。不過這些學生證到的境界實在很淺，所以我不斷地提醒他們這一點，勸他們不可以驕傲。因為到了這個程度，雖然他們的信心已經建立不會退轉了，可是如果不繼續努力，他們的修行工夫還是會退的。

打七的第六天，另外一位學生得到了一個提示，這提示是日常法師給的：「雞蛋跟石頭碰在一塊兒，石頭破了，雞蛋好端端的。」可惜這個學生沒能善用這個提示以達到更深的境界。又如：「人在橋上走，橋流水不流。」這類公案看似費解，但是我們只要上到另一個層次，這些又變得平常無奇了。

所以，修行應該這樣：從日常、正常開始，用功以後，一切都變得不正常，然後，經過一番生死掙扎，踏入了禪的門，又恢復到了正常的境界。但是千萬不要誤會，這裡所說的「正常」與一般未曾禪修者的「正常」大不相同。雖然到了這個階段，修行人的腦筋清晰，但他還要向前邁進，直到他又進入另一個不正常的階段。

「你在哪裡？」「我在這裡。」之類的公案可以代表剛入門後的正常階段。「雞蛋碰石頭」的公案代表第二個不正常階段。這第二個不正常階段之後又有更深一層的正常階段。禪師們已經用各種方式說明了進步的種種階段。有的禪師說要通過三大關，有的設定四個階段，實際上，這些都是粗略的分類而已。大致說來，一個人可以反反覆覆經過幾十次或幾百次的蛻變，從不正常到正常又回到不正常，從否定到肯定再回到否定，才能達到完美的地步。若想在一生中走完這個歷程，一定要全心全意地用功一輩子。

修禪定怎麼可能改變人的觀念和態度？這是因為修禪用極大的壓力，發掘一個人隱藏的心力使之徹底發揮。這跟肉體的力量一樣。我們知道我們身體隱藏著巨大的體能，在遇到緊急的逼迫時就能發揮出來。譬如說，一個人平常跳不遠，但是如果有老虎追他，他會突然產生一股力量，跳得比想像中所能跳的還遠。或是一個人站在危牆下，牆開始倒下來，這個人忽然生出力量把危牆推回去。像這樣的事都曾發生過，你根本不知道這力量發自哪裡，可是你就有力量做得到！所謂「置之死地而後生」，修禪就是把學生逼近死地，迫使他發揮潛在的心力以自救。

我教學生的方法是這樣子的，學生的心神首先要能達到相當程度的集中；他若不能集中，就根本無從修禪。能夠把心神集中到某一種程度之後，就要進步到一個類似「三摩地」的階段，或是一般所謂的「冥想」。到了這個程度，心力集中，雜念不起，才可以開始參禪。

公案所表現的精神，就是人與法合一。「法」是什麼呢？法就是釋迦牟尼佛在菩提樹下悟道所體會到的，是不可言喻的；它無所不在，無一不是。修禪的時候，心法合一才能發出法的力量。公案裡所講的，聽起來也許荒誕不經，但確確實實是與法相應的，由法自然地流露，因為師父的心與法已融合為一。因此一定要拜一位師父，因為師父代表著活生生的法。

打七的時候，我告訴弟子，應該感謝他們的師父，應該向我頂禮。他們向我頂禮後，我問他們：「你們是向我聖嚴頂禮，還是向你們的師父頂禮？」他們回答：「我們的師父。」聖嚴自己沒有什麼特別，他只不過是扮演著代表法的師父的角色。當弟子和法、師父，相應為一時，他就是開悟了。

禪病

通常人有對自己、別人、眾生和壽命四種錯誤的執著，而這四種相都源自於對「我」的執著。現在，我們以一個禪修者的觀點，經由不同的禪修階段來體驗這四相的存在。並試著了解一個禪的修行人，有這四相的執著時，會發生什麼問題，以及解決這些問題的辦法。

這可分成三點來討論。第一點，我們來看看這四種錯誤觀念所造成的我執，是如何顯現在禪修者的行為上。第二點，我要告訴各位，一個有經驗的修行人其修行過程，和有助於他避免偏差的方法是什麼？而第三點，我們要大致說明禪修者在修行過程中應有的態度。

已經禪修多年，並且修行有成就的人或許認為自己已經達到了 pure wisdom 的程度，達到我執已破、入涅槃的境界。其實，一個人要是認為自己已經開悟了，一定是還沒有悟。這種人還有我執；有一個開悟的「我」，這是我執的明證。

悟不是目標、不是感覺，也不是可以達成的境界。悟如果是這些的話，就是有形有限，因此還是虛幻的。要是把悟看作目標，並有個「我」得到悟境的利益，那麼離智慧還很遠。

聽完我說的話，你或許會認為你懂。可是一個初學的人很難理解這些經驗所帶來的喜悅。假設經過長時間的修行之後，你體驗到「無我寂滅」的感覺，這時候，你的內心狂喜不禁，你可能會感嘆：「真的破我執，入涅槃了。」但是你果真進入涅槃了嗎？既然還有入涅槃的我存在，那麼最高的境界就還沒達到。但是這種體驗的震撼太大，連有經驗的修行人都可能受騙。

剛才說的這段話是第一個例子，說明錯誤的我執所產生的偏差。現在來看看第二個例子。

假設一個人修到我執、法執皆破的境界，他會感到完全放鬆、無拘無束、天人合一，而不在乎天己的關係，因為他的我執已經沒有了。他的境界不是喜悅，而是自在；他不會歡喜跳躍、大叫涅槃已成。但是不管修行人自己認為已經得到了什麼，這種情形還是有我執。

達到這種境界的人，一旦從境界中出來，他可能揚言他了解涅槃，他已經見到了佛的法身，他已經得到了究竟圓滿的智慧。如果你的靜坐工夫比不上他而反駁說：「少講廢話，你只是在鬼混。」他極可能辯贏你，因為這種修行人往往很執著他的成就；你不信他，他就會很懊惱。他可能會回答說：「你沒有過我這種經驗，所以你不懂。」

更糟的是，旁邊也許正好有人自認對涅槃的了解，以及自己的修行成就與經典所言完全吻合，從而肯定這位修行人的話。這個旁觀者可能會說，因為他也經歷過類似這個修行人的經驗，所以，他可以肯定這些經驗的正確性。第一個修行人聽了一定很高興，認為支持他的論調的人，才是真道友也。

據說入了涅槃就放得下，很自在。這位修行人聽到讚美就高興，被罵就懊惱，這算什麼自在？他的涅槃似乎大有問題。或許這位修行人聽到這個結論的時候會這樣回答：「我對褒貶的反應縱然不同，但這不是為了自己，既然我的我執已破，我實在一點都不在乎。不過，為了維護佛法的尊嚴，我譴責違反佛法的人、讚揚符合佛法的人。」

我們還能怎麼說？要評估這種人的成就是不可能的。重要的是，如果因為得了這種境界就認為：「哇噻！我已證涅槃、破我執、入佛智啦！」那麼他就沒有入涅槃。涅槃、輪迴、時間，都如夢般消失才是入涅槃；無樂無悲，心中定靜才是入涅槃。

說悟也是夢，或許聽起來很怪；了解輪迴也許比較簡單。但是要說兩個一樣是幻的話，那麼修行人所走的，無疑是一段無奈的歷程，因為他拚命地要擺脫一場夢，為的只是步入另一場夢。其實，悟本身不是夢，悟的概念、悟的成就才是真正的夢。所以輪迴中的眾生活在夢中，這個夢裡悟的觀念，事實上不過是一個執著的對象而已。一旦真正悟了，悟就不再是夢，悟就不再存在。真正開悟的時候，悟就消失了。

修行人就好比一個攀登琉璃山的人，山又陡又滑。登山的人打著赤腳，而更糟的是，滿山都上了油，所以他每次奮力爬上去就滑下來。

他鍥而不捨地爬，爬到筋疲力盡，倒下來睡。睡醒以後，山都不見了。他發現他所做的努力只不過是場夢，根本沒有必要爬，也沒有進步可得。但是在夢裡，確實有一座山，而修行人如果在夢中沒有盡力去做這不可能的事——爬上那座山——他就無法夢醒。

因此，修行佛法的時候，必須想辦法脫離輪迴證到涅槃（儘管這是不可能的事，因為兩個都是虛幻）。如果在修行過程中你體會到這種開悟的境界，要記住，這還是夢。

到目前為止，我們談到的是那些執著我的存在，自認已經開悟的人。我們的第三個例子，要檢討相反、但同樣是錯誤的情況。在這種情況下的修行人說他對於褒貶、俗事，甚至自己的修行，都毫不動心，因為他了解沒有涅槃，也沒有一個可入涅槃的我，並且世界也只不過是毫無意義的夢幻泡影。這種觀點相當糟糕，而對修行人來說，可能比前面所說的兩種誤解還更危險。

在前兩種誤解的情境下，修行人死後也許可以到因修禪定而抵達的各層天去。但是第三種修行人的誤解卻引誘他停止修行。假使他繼續修行，也可能有福氣進入無色界。可是如果他認為一切都是假的，所以一切都不重要，而中止修行的話，死後就會墮入畜生道，無法進入天、人兩道。他的墮落是因為愚癡。

大家不要以為這三種誤解都是稀見少有的（精進的修行人很容易遇到上述的

境界）。因此，你可以了解一個師父有多重要，他能引導學生避開這些陷阱。沒有這麼一位嚮導，修行人雖然自信修的是佛法，卻很容易走偏。

（一九八四年六月二十四日講於美國紐約）

拜師

釋迦牟尼佛曾經說過：「佛的智慧與功德之深廣，唯已成佛者方能測知佛的智慧與功德之深廣。」一位師父的修為只有透過另一位已為人師父者才能給予評價。做弟子的，是無法衡量師父的成就如何，他所能做的乃在熟悉佛法的正見，並且辨明師父所教有否與之相違背。

佛法的正見包括三個基本原則，那就是因緣、因果與中道。現在就來一一說明它。所謂因緣，佛法說，凡一切相都是虛幻的，沒有自性，完全依賴因緣而顯現。所謂因果，因與果在時間的流程之中彼此緊密地互為關聯，不論是過去、現在、未來，一切造作的行為與其因果有關。所謂中道，就是要離開所有的極端，像執空或執有，都是錯誤的。只有不走極端的中道，方可遵循之。

為人弟子必須能辨明邪見。有的傳教師認為有外在的法（現象）存在。例如有神論者主張有外在的靈魂常在永恆的上帝管轄之下。另外有人相信，諸法沒有因果關聯，所有的事情都是偶然發生的。物質主義者則承認在物理世界中的行為有因果關係，因為這種因果可以實驗證明，但是卻否認有控制一切眾生的業報因果律。因此，學生在尋找真正的師父時，必須謹慎小心。

如果一位師父的教法與佛法正見相應，那麼他已經具備當真正師父的最低要件。而弟子選擇師父的時候，他應該關心的是，師父是否有正見，而不必在師父的個性與行為上挑剔。

但通常弟子會注意師父的個性與行為，尤其是當他根據師父的教法來評判師父時，會盡量尋找師父言行不一致的地方。這樣一來，問題就發生了。如果師父的行為與他自己所揭示的標準不符，弟子的注意力就會漸漸地只放在師父的缺點上，而對於他的言教完全失望。因此，他既不會真正地修行，甚至對於修行也失去信心。

為人師父者總是會遭受弟子的批評。師父已經悟道，不必滯留在塵世之中，但為了利益陷於愚癡泥淖中的眾生而留住在俗世。當他生活在俗世之中時，他難免會暴露自己的弱點。跟每個人一樣，他必須吃飯、大小便、穿衣、上街等等。

很多人看到師父如此，非常驚訝：「天啊！他吃飯呢！既然跟我們一樣要吃飯，怎麼能夠當真正的師父呢？他跟我們一樣需要洗澡哩！他怎麼能和我們完全一樣呢？」

雖然在外表上師父與弟子們同樣有缺點，但是要記住的是，他的心是純淨的。如果他的心不清淨，所教的法必定有缺陷。

有些宗教的教師寧可隱藏個人的生活實況。你看不見他們吃飯、睡覺或使用浴室。只看見他們端坐高堂、穿著莊嚴、容光煥發、清淨嚴肅，像是上帝的代表。

我常常講，你們不應該把我看作神或菩薩。我與你們完全一樣，餓了要吃飯，睏了要睡覺。事實上我相信我會打鼾，因為自己聽不到自己的鼾聲，所以不能確定。

上次禪七之中，有一天晚課時，我去拿一件課誦用的法器，因為我很疲倦，竟把它掉落地上。我當時就想，人老了最好不要當師父，因為身體不聽心的指揮。如果弟子看見師父外在的疏忽，他們會模仿這種錯誤。當然，在做蒙山施食的時候，如果大家掉落東西，失誤連連，我會很不高興。我可以犯錯，那是我的權利，但是我的弟子沒有這種權利。

甚至師父明知說謊、偷盜、追女人是犯戒的，卻偏偏做了，甚至他在弟子眼前做這種事；但是，只要當弟子們犯錯時他能糾正他們，他仍然是個真師父。這樣的師父當然會受到自己犯錯的惡報，但是那是他個人的事，與別人無關。

大多數弟子不了解這一點，因此問題就產生了。最糟糕的是，有些人完全不知道修行的目的，跟師父學法只是為了湊熱鬧。他們不注意師父的所教，卻注意師父的行為而加以模仿。如果師父犯戒，他們也照犯。不同的是，他們犯得比師父還嚴重。如果師父破戒的時間有十分之五，他們破戒的時間便有十分之六。如果師父咒罵一個人，這些弟子會立刻咒罵其他人。如果師父堅持說，弟子與師父不同，不可以犯錯，這些弟子也會告訴別人：「我可以這麼做，但是你們不可以。」這種弟子盲目而無方向，他們沒有正見，徒使惡業增長。

我們在美國所聽到的有關佛教師徒的道德問題並非現在才有，釋迦佛時代就有同樣的問題出現。佛陀在世時有位名叫提婆達多的弟子，他所立的戒條比佛陀的更嚴格，他自己也擁有許多的徒眾，他指責佛陀過分放逸。

誰的觀點正確呢？這是有關正見的問題。釋迦佛既不禁止也不鼓勵提婆達多的苦行，他說苦行生活對於陷入愚癡黑暗中的人有用，但在其他方面沒有什麼意義。佛的意思是強調中道：既不執迷於苦行，也不沉溺於享樂。提婆達多的見解則落入苦行的極端。從正見的立場來看，佛的觀點才是正確的。

佛教史上經常辯論這個問題：持正見與守戒律，哪個比較重要？禪宗有句話這麼說：修行人應將正見看得比什麼都重要，而放鬆戒律。如果學生把這句話加以實行，可能會破許多戒。這就不對了。這句話是站在弟子對師父應有的態度的立場而說的：弟子對師父的教法應該珍視，但是對於師父行為上的缺陷應該睜一隻眼閉一隻眼。

師父行為上的缺失是他自己的弱點或疾病的徵候。弟子不應該也想感染同樣的疾病。學生所要找的師父，只要教的法與佛法相應就可以。找著了師父之後，學生的責任就是把師父所教的法應用在自己的生活中，並且只應用在他自己的生活中。如果他能做到這點，他的成就便很大了。

（一九八四年七月八日講於美國紐約禪中心）

師徒之間

一個修行人不應該為了師父器重他、親近他、喜歡他而得意。相反地，如果師父把弟子趕走，弟子也不應生瞋恨心。同樣地，師父也不會因為身邊有很多弟子圍繞而沾沾自喜，他的弟子全部都走了，他也不該沮喪；那是由於種種因緣，所以他們又離開了。

但是要維持這種泰然自若的態度，是很不容易的。一般人在衡量自己的優點時，很難不偏袒，也不情願面對自己的缺點；或者反過來藐視自己真正的優點。自輕與自傲表面上雖然不同，實際上是同樣的一件事。

一個沒有安全感或認為自己沒有用的人，往往會看輕自己。如果安全感的缺乏導致一個人這樣想：「我這種人還能有什麼成就，我什麼都不行！」那就產生負面的影響了。

然而，缺乏安全感也有它積極的效用；它可以促使一個人向目標邁進，名利雙收，而且贏得尊重。那時他可能會覺得：「我的成就很不簡單。別人沒有我好，因為我做得到的，他們做不到。」這就是自傲。

這兒有個例子：一個公司老闆在訓誡公司的職員時說：「你想要加薪嗎？你想想看，沒有我，你就沒有工作。你依賴我的智慧和努力。你有我這種程度的時候才可以來跟我談條件。」這個老闆實在很驕傲。

指導精神生活的師父，表面上看來也可能很傲。一位師父可能說：「我已經修行了很多很多年，參訪、跟隨過很多明師。現在我已經登峰造極，而你們這些弟子還沒修到這種境界，你們的境界比我還差得遠。如果要跟上我的話，還要走很長的路！」這位師父的態度是不是充滿傲氣？

一個禪師可能跟一個獨裁者一樣，可是光看態度，還不夠判斷這位禪師是不是很驕傲。關鍵在於他心中有沒有傲氣。

有一次我跟兩位徒弟一起坐車，他們是一對夫婦。他們問我：「您最近有沒有什麼問題？」我回答說：「好像沒有什麼問題。」那位先生沒說話，可是他的太太說：「師父，我一看到您，就知道您很傲。俗語說得好：『除非親身體驗，不然就無法了解問題。』師父，您怎麼能避開問題？」顯然地，她認為我有傲氣。

我現在要說明我的態度——我如果決定做什麼事，那我做這件事所遇到的障礙，對我就不成障礙。辦不到的事，我不願浪費時間去做。因此，對我來說，沒有什麼事構成問題。我這種態度算傲嗎？

一件事情如果辦得到的話，不管會有什麼障礙，辦這件事就等於沒有困難。但是一件不可能達成的事，比方說生小孩，我就辦不到，因此，我也不會為它而產生煩惱。所以，你要看一個人傲慢或是缺乏安全感，不要看他的行為，而是要仔細觀察他的動機。

假設到禪中心來的人和去哈瑞奎師那（Hare Krishna）或超覺靜坐中心的人一樣多，我可能會說：「我以前不能跟他們比，可是現在我已經和他們並駕齊驅了。」這是傲，因為我在跟別人競爭，拿自己跟別人比。

我們實在不應該跟別人做比較，根本沒有這種必要。跟別人比，總會發現他不是比你矮，就是比你高。即使兩個人身高一樣，你可能還要再看一眼，瞧瞧誰瘦誰胖。

我有一次看到一個女孩子走在街上，一面走一面看對街的女孩。她看了看那個女孩的漂亮衣服，再看看自己的洋裝；她注意到那個女孩走路的樣子，然後又看看自己的姿態。也許那個對街的女孩給予她深刻的印象，所以，她就拿那個女孩的漂亮衣服、高雅的走姿和自己來比。這一比較，不是失去信心，就是得意忘形。這個例子當中的女孩她失去了信心，可是要是她的衣服、走姿比對街的女孩好的話，她就反而會洋洋得意了。

中國歷史上春秋時代的越國，甄選出全國最美的女人，這個女人就是西施。她因為有心痛的病，當病發的時候，手捧心、蹙眉，結果看起來更有另一番美。那時，越國另外有一個醜女，叫作東施，她也學著西施捧心、蹙眉的姿態，可是一味的模仿，卻達不到她追求的效果，反而越學越醜，這就是「東施效顰」的典故。

幾乎每一個人一生中會有一、兩次說：「我實在不行！」其實這樣說只是要別人誇獎你而已。在這種缺乏自信的情緒下，你可能會覺得周圍的人對你極不友善，而你也是罪有應得。可是假設一個人過來跟你說：「在很多方面，你實在是個大好人。」你會覺得怎麼樣？你的情緒就變了：「我畢竟還是有些優點。」

沒有一個凡夫不喜歡讚美，沒有一個凡夫不想要別人贊同，連動物也是這樣。你有養狗的話，對牠說：「小狗好乖！」牠就會很高興，可是你罵牠：「你這好吃懶惰的髒狗！」你可能把牠的一天全給毀了。

凡夫有自傲、自輕，這是理所當然的事，走到極端才危險。如果你覺得你完全沒有用，就像垃圾一樣，那麼你缺乏自信，已經到了很嚴重的地步了。如果你傲到覺得自己無所不知、無所不能的程度，那你可能變成一個希特勒、史達林或毛澤東。

反過來講，禪師比較可能有傲氣，較不會缺乏安全感，因為沒有安全感，不能成為禪師。自卑的人會說：「我不夠格當你的老師。我怎麼能當師父來教別人？」這麼一個人沒有自信。

不過，在修行過程中產生自尊、自重是正常的。你應該有這種感覺。有了自我尊重就表示信心更強，因為修行的結果，你逐漸會注意到別人所忽略的；有了這種體認，就會有慈悲心。修行人認為所有的人都可憐，而由於慈悲，就想幫助一切人。而師父的責任就是教導他的弟子，讓他們脫離愚癡，當愈多人來找他，他就愈覺得責任之重、使命之大。

我現在問各位一個問題。假設一個徒弟這樣說：「我已經跟過很多師父，所以就等於沒有跟過任何師父。這些師父不可能教我東西，因為我所學到的，全是我教自己的。其實，他們應該感謝我——就是因為我當過他們的徒弟，他們才能成為人師，所以，該說謝謝的是他們。」這種態度對嗎？

或者一個弟子可能說：「我只想停留在海中，我很滿足了。師父你若從此岸把我帶到彼岸，那不是我想要的，跟我毫不相關，我幹嘛要感謝你？」這種態度對嗎？

師父沒有要人感恩，而是弟子自己需要感恩，做為一個指導人修行的師父，如果因為弟子的感謝、禮拜而生起我慢心的話，那麼他的障礙更重！所以，一個師父要弟子生起感恩心是為了弟子，愈懂得感恩的弟子，他所得的修行效益也愈多。

（開示於一九八四年七月二十九日）

第四篇

禪七開示錄

農禪寺第四十期禪七

報到日開示

放鬆・數息觀（晚坐）

現在，我們已正式進入禪七了。

不論諸位以前是否打過禪七，也不管你是否有過修行的經驗；既然來了，就是與禪修有緣，就要死心塌地、全心投入、認真修行。不要懷疑自己的因緣福報，也不要懷疑禪七的環境。

各位要有這樣的心理準備：禪七本身就是修行，修行相當於修理、修整、修正我們身、心、觀念等各方面的偏差和問題，它的功能和目的，就是使我們的身體更健康、心理更健全、觀念更正確。修行就是訓練，所以必須付出代價，除了時間的付出，還得忍受種種折磨；這些折磨不來自他人，而是自己在身、心、觀念上，本來就有許多不正確、不健全、不健康的部分。

修行不是休息，更不是享受。絕不能天真地以為來了就會開悟，否則，禪七就是魔術而不是修行了。

接下來講方法。

第一是「全身放鬆」。從頭部起，眼球不用力，臉部不用力，兩肩不用力，兩臂兩手不用力，然後摸摸看，小腹是緊的還是鬆的？你們之中，多半人的小腹，現在是緊張的，怎麼放鬆呢？就是不用力，不用力就會放鬆。如果小腹不能放鬆，到最後，會呼吸困難。

第二是「坐姿正確」。雙盤、單盤都可以，散盤也無妨，以坐得舒服為主。腰挺直，含胸而不要挺胸，兩肩擺正放鬆，兩手放在腿上交疊，左手掌在上，右手掌在下，兩個拇指輕輕相抵，不要管手臂。頭不要仰也不要低，頸拉直，下巴內收，眼皮垂八分，兩眼視線向前下方四十五度，但不要注視任何東西，嘴唇輕輕閤攏，上下齒輕叩，舌尖抵住上顎（上排牙齒與牙齦交接處），抵住後就不必注意它了；如果口水很多，就不抵上顎，如果覺得乾渴，就稍稍用力。

第三是「數息」與「數數念佛」。清楚、自然，不要控制它，也不要管呼吸是在小腹或肺部，平常怎麼呼吸就那樣呼吸。接著數呼吸，呼出一次數一，呼出第二次數二……，數到十，再周而復始，從一數起。注意力放在數目上而不在呼吸。可以注意數目的發音，不要想像數字的形象。

數錯了沒有關係，有妄念也很正常；數錯了、數亂了、數忘了，就從頭開始，不要著急，修行就是磨耐心。要是一炷香坐下來還都只數到三，這也沒關係，就像嬰兒在地上爬，走一步、兩步便跌倒了，再走一、兩步又跌倒，這絕對是正常的，只要繼續練習走，長大了就可以短跑一百公尺，甚至長跑馬拉松了。數錯了不必自責，也不要難過，不要以為自己沒有修行；就因為知道數錯了，才表示正在修行。

如果不習慣數呼吸，可用念佛數佛號的方法，念一句「南無阿彌陀佛」就數一個數字，「南無阿彌陀佛一」、「南無阿彌陀佛二」……，也是數到十再從一開始，念其他佛菩薩聖號也可，不要貪多念快，不要同時念許多不同的佛菩薩聖號，主要還是調心要緊。如果覺得數息很困難，甚至數得呼吸都不會了，這才改數數念佛；若數息法沒問題，數息最好，因為計數念佛的方法，較不易覺察妄念；數息則一有妄念，便很快發現。

補充說明：眼皮放鬆下垂，不要用力緊閉，應當若有若無地看前下方四十五度，不是要看清任何東西，只是讓視線自然投放，這樣才不會眼花，也才不會產生幻相，眼珠也不用力，這樣頭上便沒有壓力。

打坐時，你的心裡想像著很舒服、很輕鬆、很自在，感覺很歡喜、很幸福、很高興。

第一天開示

信心（晨坐）

用功的每一個動作都有其意義和要領。合掌的時候，眼睛輕輕地看著中指指尖，頭腦什麼也不要想；操手的時候，重心和注意力是在雙手手掌，有意無意地好像捧著一尊佛，這可以使我們集中注意力，又有穩定落實的感覺和效果。

有了方法之後，同時要有信心。沒有信心就無法修行。

第一要相信自己是有善根的。因為佛說「人身難得」，你已經得了；「佛法難聞」，你也已經聽到佛法；「正法難修」，你現在也已經開始修行；「明師難遇」，現在已有一位老師正在指導你。相信諸佛已經成佛，我們自己將來也一定能夠成佛。同時要相信佛說的法是真語、實話、不會騙人。禪七一開始便講方法及觀念，全是根據佛法來說，這些都是從佛以來，由僧代代傳承，所以要相信「佛、法、僧」三寶。為了信法修法，也必須相信佛寶、僧寶。相信佛寶是因為接受了法寶，法寶由佛所說，再經歷代祖師相傳，現在又從老師傳給了我們。

「明師」，是指知見正確、心地光明而又兼有善巧方便，能夠指導他人修學佛法的人。你願意聽他的話，接受他的指導，他便是你的明師；如果你不接受他的指導，也不相信他的話，則雖是「明師」，對你來講，等於是沒有用。僧寶，包括了歷代祖師和現在所有修法學法、弘法利生、住持三寶的出家人，指導你修行的老師，就代表了三寶與僧寶。

「人無信不立」，若不相信自己，什麼事都做不成，相信自己才能取信於人，也才能從自信而信三寶。法由佛說，若不信佛寶則無法可學，既不能學法又如何修行？法由僧傳並且要跟師學，若不信師僧，又如何依師僧所教的佛法去修行呢？故須相信自己，相信三寶，才能開始修行，由上故可知信心是修行的根本。

再提醒各位，應當要有心理準備：禪的修行是非常艱苦的事，是主動地接受苦的磨鍊，任何事都沒有修行來得苦。唯有吃了苦中苦，方能成為人上人，「不經一番寒徹骨，哪得梅花撲鼻香」。雖然現代人福報大，禪七的修行環境、方法、生活所需，全有人照顧、提供，一切都安排得好好的，可是，儘管福報再大，鍊身調心的修行，還是要靠自己。禪七之中，會有各種痛苦的感受和經驗，腿痛、腳痛、背痛，也可能有麻、痠、癢的經驗發生；整天打坐也會感覺不自在、困頓、失望、懷疑……，而且這些痛苦不只發生一天，可能兩天、三天，甚至到第四天還存在，也許要到禪七快進入尾聲，身心都已習慣，日子才會比較好過。

但是，各位也不要提心吊膽，以為會發生什麼不得了的禍事。只要「把身體交給蒲團，把心念交給方法」，不管妄念或其他任何事，你就會很平安，就會很快放下身心的問題，當然也不會老是在痛、苦、煩惱中掙扎了。

現在，我們禮佛三拜，再向自己坐墊一拜，然後開始打坐。禮佛三拜，是為頂戴受持佛的正法；禮敬坐墊，因為這是助你修道和成就道業的道場。

腳踏實地・修戒定慧（晚坐）

禪就是釋迦牟尼佛傳下來的佛法。佛教雖然重視信心，信了以後，還得由信起修的如法而「行」。

修行的內容不出戒、定、慧的三無漏學。

戒是「不該做的事不做，該做的事不得不做」。從因果上說，做了不該做的事情就要負責任，以後會有果報；從當下修行的觀點來講，做了不該做的事，心會亂，心亂便不能得智慧。既然心亂又無智慧，豈不就是無明煩惱的眾生嗎？當然也就無法獲得無我無私的解脫慧了。所以，持戒是得到心理平衡與安定的基礎，也是求得悟境或解脫的必備條件。

在禪七中，第一不講話，這就沒機會打妄語了。第二吃素食，也不會殺生了。第三男女分開，邪淫也沒機會了。第四不准看別人，甚至不去想別人，也不會偷盜了。凡是惡業，禪七中都不犯；但是，禪七中該做的、該遵守的，若不做、不守，也是犯戒；該打坐、該聆聽而沒照做，也算犯戒。由此說來，戒的意思，也是規律、規則、規矩，不守規矩就是犯戒。若在禪七中幾次不守規矩，就會請你離開。

所以，精進的修行本身，就具備了持戒的涵義。早上請各位「把身體交給蒲團，把心念交給方法」，這項要求今天做到了嗎？沒做到也是犯規矩。這當然不容易，但是，一天天地練習，最後自會成功。一般常用「心猿意馬」來形容我們的心，因為心很難收服。禪七中各位把「心眼」「收」起來，也把視線收起來，把心念一次又一次地從妄想中收到方法上，心念由集中凝聚而漸漸地安定下來，練成了安定的工夫以後，才有悟境現前的可能。

許多人在報名表上填寫打禪七的目的是「開悟」，說來容易，得來卻很不容易。有人要求我：「師父，請你幫忙開一下悟嘛！」如果我真替你開悟，請問這是我開悟還是你開悟？開示佛法在於師父的指導，悟佛知見在於弟子的修證。

歇了顛倒的狂心妄念，粉碎了自私自利身心世界的自我中心，才有希望開啟智慧之眼的所謂與三世諸佛同一鼻孔出氣的悟境。有的人但知打禪七可以開悟，有人僅從書中知道修行可以開悟，卻根本不知什麼叫開悟，也不知如何可開悟。我現在告訴諸位：一般人開悟，要通過持戒、修定的過程。有人又說了：「從持戒、修定著手是漸悟，我要的是頓悟！」我從指導禪七以來，遇過太多急求開悟的人了。問他為什麼要開悟，答說煩惱多、困難多、問題多，認為一開悟問題就沒有了，我說這得慢慢來。愈是急著求開悟，就跟悟境離得愈遠。有人追問我：「你自己到底開悟了沒有？」「是頓悟還是漸悟？」「是自己開的還是別人幫你開的？」對這些問題，我都是以不回答為回答。我若說沒開悟，你會問我拿什麼指導人；我若說已開悟了，又無法說給你聽，更無法拿給你看。但是，我可以告訴你的是：禪宗的祖師，一直追溯到釋迦牟尼佛，都不是不需修行就能頓悟的。釋迦牟尼佛出家後修行多年，二祖慧可、六祖惠能看起來卻好像沒有修行就開悟了，其實就好像大家只看到肉攤上的豬肉，卻沒看到養豬人家把豬一天天養大的辛苦。

有個一百二十歲的須跋陀羅，在佛涅槃前聽了一段開示，便證了阿羅漢果，這似乎很便宜。但要知道須跋陀羅是大婆羅門，早已是個大修行人，只是在某一點上觀念未通，經佛點破，障礙頓除，這才證果，這是幾十年的修行人哪！六祖看來也似乎未修，其實，他從小時候心就很安定，工作那麼單純，也並不是莫名其妙就開悟了的。

諸位必須在觀念上確信：佛法的修行，沒有占便宜的事，否則就與「因果」不相應。除了修行非因計因的常見外道及無因無果的斷見外道；在正法的中道行中，必是付出了多少就得多少，所以六度之中的精進一項也極重要。禪修者，不能做假，不能摻水，完全是硬碰硬的；付出多少努力就得多少結果，菩提道上絕無投機取巧事。可能有人以為淨土宗只要念佛就可往生西方是條捷徑。求生極樂世界當然好，但日前有人到此求出家，我問他何以不去淨土念佛的道場？他說：「因為不敢去極樂世界，去了不知多少時間才能回來。」我問他說：「難道你就這麼貪戀這個世界？」他回答說：「不是，只因不忍眾生之苦。以時間計算，到極樂世界修成不退轉位，再倒駕慈航之時，地球世界已經不知壞了好多次了。」這樣的悲心，實在令人感動！不過自力修行者的信心，如果不夠堅強的話，念阿彌陀佛先求往生西方淨土世界，也是非常踏實的。

因此，我們接觸到的，修淨土法門的人，若其信願正確，往往也會比修行所謂禪法的人更積極、更慈悲、更能付出、更懂得廣結善緣；修禪的人，反而比較自私小氣又逃避現實，這全是被坊間禪書的錯誤觀念所害，被「開悟」兩字所誤，只求早日開悟，忘了發菩提心。我的徒弟之中就有求我護持他早日開悟的人，說是等他開了悟必來護持我，這種自私自利的心態，與放下自我才能開悟的原則，恰巧相違。連小乘都不夠格，哪裡還是大乘的禪法呢？所以，禪七中一定要建立正確的觀念：腳踏實地，努力於戒、定、慧三學的增上修學。

「戒」在基礎佛教，便是五戒；在大乘佛教，則是菩薩戒。發了菩提心而不去度眾生，這是犯了菩薩戒。有人去戒場受戒回來，就自以為是菩薩了，開口閉口「我是受了菩薩戒的菩薩」；事實上，受菩薩戒，就是發菩提心，持菩薩戒，要以利益眾生為要務。

「定」在基礎佛法，就是九次第定，離欲不動，入寂滅境。大乘佛教的定，則是以心不受內境外境所動搖，雖接應萬物，面對萬境，而心不受其左右，若無其事。如果只有入定時無煩惱，出了定還是有煩惱，那便不是大乘的定，也未得解脫。大乘定是隨時隨地心都平靜安定，如止水如明鏡，有映現的功能，無波動的煩惱，這就需要精勤練習了。禪七中的練習，雖以打坐為主，但生活中的種種，也都是藉境鍊心的方法。

若能持戒習定，日久功深，無我的智慧必然現前，那便是開悟。諸位來參加禪七，絕對要有大死一番的決心，把散亂心、企求心等，通通擱下，要把一個個的妄想，一次次地擺下。發現有妄念時，千萬不要難過，不要討厭，立即回到方法就好。

第二天開示

數息的方法和層次（晨坐）

諸位進入禪堂以來，我就提示方法和觀念。方法是用來修行的工具，觀念則能讓我們看清目標，把自我中心放下。但在未能放下自我以前，須先用觀念來疏導，用方法來實踐。

我們所用主要的基本方法是數息，而數息有許多層次：

第一步，就是把散亂的心集中在方法上。一發現胡思亂想的散亂心，就要「把心念交給方法」。但要把散亂的心集中也不容易，開始用方法時，就像是一隻猴子被關在籠子裡，常常想往外面跑。雖然出不去，但牠的耳朵及眼睛，時時在向籠外攀緣；身體被關在籠中，心念還在籠外。

第二步，就像把猴子的眼睛矇起來，耳朵摀起來。雖然心還在想，但是眼不見，耳不聞，裝瞎作聾，便減少許多外緣的紛擾。

第三步，不但是把猴子關起來，把猴子的眼耳遮掩起來，還把猴子綑綁在像柱子一樣的方法上。不僅看不到、聽不到，也不能亂闖亂跑，只好乖乖地緊貼在像柱子一樣的方法上。

第四步，不僅不緣外境，對其自心的內境也放棄了。內外一時空卻，便是無我智慧的出現。沒有內外也不取中間，才是悟境。

各位想想看，現在的你，是屬於哪個階段的猴子？是在籠子外嗎？已在籠子內？已被栓緊在柱子上？等到正在用鍊子拴起來，可能仍然在掙扎。必得等到放棄掙扎、放下萬念時，統一的定境才會顯現，身心的負荷才會減輕乃至消失。

所以，若要把數息的方法數得妄念愈來愈少，就先得關閉我們眼、耳、鼻、舌、身、意的六根：眼睛不看、耳朵不聽、身體等各種官能的感覺不管。因為我們心中的妄念雜想，都是從六根引進來的種種消息，六根關閉之後，內在的種種妄念便會沉澱下來，浮動的妄想便會逐漸減少，心境才會漸漸安定。心安定了，才真能認識自己，明白自己的性格與方向，明白自己是個什麼樣的人。愈能真切地了解自己，愈能漸漸地健全自己的品格和品德。

現在請各位注意練習運用數息的方法，了解並配合剛才所做的比喻。

第一階段，把散亂的心放到方法上去，讓散亂心漸漸減少。但要注意的是，須得自然減少，不能希望它少。因為「希望」的本身就是妄念。要一次又一次，很有耐心地用方法。如果光是希望妄念愈來愈少，那妄念反而會愈來愈多，愈來愈煩躁。只要覺察到自己沒有在方法上，趕快回來，再從數數重新開始就好。不要以為那是失敗、不必後悔、不用責備自己。發覺自己有妄念，那表示自己已經在修行了，應該感到很歡喜。

第二階段，雖然還有妄念，但已不多了。呼吸在、數目在，妄念雖來打擾，但數目沒斷，並且知道正在數呼吸。

第三階段，數目不斷，妄念好像有一點，但是一閃即過，也不知道那妄念究竟想的是什麼。

第四階段，雜念完全沒有了，心念專注在方法上。數呼吸的數目連綿不斷，絲絲入扣。到這層次，會覺得很舒服、很歡喜，心理沒有負擔，身體也可能感覺不到了。

第五階段，呼吸還在，數呼吸的我也還在，但是沒辦法數了。不是故意不數，而是呼吸微細沒什麼好數，還是在用功，只是少了數目。到這時候，知道呼吸就好，不必數了。

第六階段，已不知道是否有呼吸，也不知是否有自己，更不知道要數呼吸的數目。這時，身體和心理，內在的自己和外在的環境都還在，但不是分開的，而是統一的。身心統一、內外統一、前念後念統一，已是入了定境。而前念後念的統一，也有兩個層次：1. 前念後念，念念都在同樣的一個念頭上，仍有念頭起滅，但卻不離相同的內容。2. 念頭不起不滅，無前無後，也無時間與空間的感覺。事實上，此時尚有自我意識，也有空間時間，只是時空的感受沒有了。

這些都是數息的層次。但是正在用方法的時候，不要想到自己是在哪一個階段的什麼層次，否則的話，你永遠都是在第一及第二個階段。

只顧耕耘（早齋）

絕不能用企圖心、希求心、期待心修行。諸位懷抱著不同的目的來參加禪七，這種有所為而來的態度毋寧說是正確的；但是，在修行的過程中，卻應該把所有期求、期盼的目的，暫時忘掉。

工作時應該只顧耕耘，不管收成；腳踏實地、一心一意地努力工作，不能守株待兔，也不可揠苗助長。以種田為例，風災、雨災、旱災、地震、戰爭等，都不是我們所能控制，我們自己只管盡力而為，卻不能期待一定可以得什麼果。「盡人事」是自己能掌握的，「聽天命」則看因緣了。因緣福報好就會豐收，否則可能歉收甚至荒年。農夫除了盡心盡力耕作之外，沒有別的可以選擇，不過，那些辛苦耕種的經驗確是最寶貴的。

因此，要以修行的過程做為我們的目標，才是最牢靠的。

吃飯時，不以貪心吃，不以瞋心吃；打坐時沒有貪求心，不起厭煩心；工作時不可老在念著每一分鐘能賺多少工資，做了多少功德。吃飯時只管吃、打坐時只管坐、工作時只管工作、用方法時只管用方法，心無旁鶩，這就是禪法的修行。若是個自私鬼來參加禪七，要他出坡工作，他卻說：「不行！我還未開悟，打坐要緊。」讓他打坐時，卻又不用方法而老想著早點開悟。像那種人，我對他便沒有辦法了。要曉得，如果能以專心去砍柴、掃地、打水、切菜、煮飯等，便無一樣不是禪的修行；只要心是平坦、平實、平衡、平常的，就是最好的修行。當以修行的過程為目的，即使是察覺到妄想，感覺到不自在，也全是修行的成果。因為當你不貪取成果而只管修行之後，好的成果才會出現。

這次的禪七道場中共有一百六十二人，其間難免有人會哭、笑、病、倒、出怪聲、有異行，這發生的一切，全與你無干。任何時間，任何現象，你是你，他是他，絕對不要受外境的影響和牽動。

今天是第二天，也許你已比較習慣了，但打坐過程中的疼痛也許更麻煩，更難適應。痛的時候由它痛，隨它痛，神經放鬆，不要動它也不要忍痛，痛得很難受時，不必數息，但注意痛點，漸漸地痛感就會消失。

打坐時的昏沉有兩個原因：一是缺氧，一是疲累。

若係缺氧，當把腰挺直，頭、頸與脊椎成一直線，收下巴，放鬆小腹。調整好了，呼吸自然暢通，便會清醒過來。

若因體能一時補充不及而引起的疲累昏沉，依情況輕重，可用下述方法對治：

輕昏沉時，瞪大眼睛平視前方，不眨眼直到淚出為止；或把注意力集中在眉心（鼻梁上端、雙眉之間），觀想它放光發亮，昏沉也會慢慢消失。若是頭腦因為血液不上升而糊塗了，便轉轉頭、低低頭、搖搖頭；或是跪在墊子、地板上，因雙膝直接觸到硬地面，促進血液循環向上，產生新能源，昏沉便會減輕、消失。

如果重昏沉已經到了頭疼的地步，便把身子坐直坐正，讓頭腦完全休息，放任它一片空白。五到十分鐘後，體力便會恢復。

今天開始有小參，也就是個別談話。有話就談，無話就不說，我不管你過去的歷史，不和你談未來的展望，不要問我理論上及佛學上的諸般問題，我只回答你「現在」修行上的困難。入室、問訊、頂禮、離開，動作宜舒緩但要俐落，切忌拖泥帶水。進出小參室的門也深有禪意，不要用力推、拉、抬，禪的精神是絕對不能用蠻力的。

行住坐臥都是禪（午齋）

舉凡語默動靜、行住坐臥，無一不是修行。

禪堂中打坐、經行、拜佛、課誦是修行，齋堂用餐、飲水、寢室睡覺、起床、飯後出坡勞作等，每一處每一時，都是修行的地方和修行的時間。當你從事不用頭腦思考的工作時，依舊可以持名念佛，或者隨息數息，在做需要分神的工作時，應該心手一致。出坡時，你的手在哪裡，身在哪裡，心也就在哪裡；比如洗碗時要洗得乾乾淨淨，切菜時要切得整整齊齊，劈柴、燒水、掃地也一樣，盡心盡力，全心全力，把事情做得妥妥貼貼、乾淨俐落，便是修行。吃飯時細嚼比快嚼消化好，正正常常不要緊張，當它是一樁修行的功德，專心一意地吃，不要胡思亂想；睡覺時不得思前想後，就只管放下四大五蘊，好好睡覺。

禪七已過了一天半，有些人在身體上有了不同的反應，這些反應分成兩類：

第一類是呼吸的問題。因為控制呼吸，故而引起胸悶腹脹，這時候暫時不數息，改為計數念佛。要數得不急不緩，數得急了，氣就促；數緩了，妄念就多。待恢復正常了就改回數呼吸。另一個引起胸悶的原因是小腹緊張。把腰挺直通常連帶引起小腹緊縮，但一定要練會把兩者分開，練成了挺腰，仍能放鬆小腹，呼吸自然深長舒緩。

第二類是氣動，每個人身上都有氣、脈，氣在脈中，氣隨脈走，氣若阻塞，血液循環就不正常。打坐的時候，循環系統會有正常的調整，氣也會跟著調整。若曾有身體傷害或病痛，打坐時就容易引起全身性的反應，最難過的反應在頭、胸部的疼痛、脹悶，這種時候，應該把注意力擺在腳掌心，將數目丟到腳掌湧泉穴上，這樣，氣的壓力就可以減輕了。

無常・苦・空・無我（晚坐）

無常即苦，無常是空，無常即無我，這是佛法的基本觀念，也就是禪法的基本觀念。

今天小參時，有人問我：九次第定的最高層次是滅受想定，如何修法？滅受想定是滅了第六意識一切心、心所法，又名滅盡定，是小乘四果的聖者，息滅妄識，故入此定。禪，則是大乘菩薩道，不是小乘禪定。更何況，色界、無色界的四禪八定都還未修成，如何修第九？這就好像蓋房子，只要蓋第五層，底下四層的不要，這如何蓋得起來！諸位都是很聰明、很有善根的人，但希望不要不切實際，要腳踏實地，從基本佛法先了解起。

昨夜已經講過，修行道上沒有取巧的事。學佛，一定要從基本佛法的無常觀講起。什麼叫無常？生滅無常、生死無常，我們的身無常、心無常、環境無常。因為沒有一樣事物是恆常不變的。

有人說「化剎那為永恆」，那是詩人的感性，不是佛法。世間法沒有永恆的，認為永恆的是「常見」的外道。佛法所見，不論是心法（心理活動）、色法（生理現象及物質環境），任何現象都是無常的。無常就是剎那變化，生滅不已。我們要能了知無常，才能夠真正修行。

這次禪七中，有位居士近來才學佛。問他為什麼這麼晚才學佛？他說因為去年一年之中，他的母親及大哥相繼過世，感覺到少了什麼，所以學佛。這也就是「無常」觸發到他那生命中的最痛點了。如果沒有無常的感覺和反省，生命是不踏實的，因為不知道生命是怎麼一回事；沒有死亡的體驗或是未從死亡的邊緣經過一番，沒有向鬼門關裡探頭望過的人，就會覺得自己是可以活了又活，一直活下去似地。

我小時候看到老法師們，一則羨慕他們，再又可憐他們。羨慕他們有修有德，好不容易成為老法師了；可憐他們什麼呢？他們離開無常也不遠了！現在輪到我了！有的年輕的法師會說：「聖嚴法師，已經不錯啦！」我聽了這話，就想：「是不錯了，但也快了。」

這次禪七的禪眾之中，最年輕的人是十九歲，和九十歲也只不過是兩個數字掉換一下而已，十九的不會保證一定可活到九十，也別以為年紀大的永遠長壽。無常所以苦：要追求的追求不到，已經有的要想保存也很難辦到。

有一個叫作某某機構的企業團體，七年之間，發、發、發，膨脹得比什麼都快。唉！最近一下子就倒閉了。發的時候要努力經營，已經很苦，一旦倒了下來，經營者的心理和身體，備受苦楚。他們機構裡有個部門是「保全公司」，結果連自己的公司都保不全，豈非無常是苦的真實寫照！

三國時代，曹孟德（操）有首詩：「對酒當歌，人生幾何？譬如朝露，去日苦多。」曹操並沒有信佛，但他的人生體驗和佛法是相應的。

無常所以苦，無常所以空，這是有連帶性的。我們生活的環境是無常的，所以一切現象都是暫有的，如空中的花、水中的月，只是虛幻的假相而已。空是無常的意思，若不覺察無常及空，就起執著，就會受苦。

如能了知而且已經體驗到世間是無常、是苦、是空的話，那問題便沒有這麼困難，也就能對「無我」略知一、二了。今天小參時，有人告訴我：「以前沒學佛，覺得許多問題沒法解決，很苦惱。學佛以後，許多問題就用佛法來疏導。該來的就是逃避也沒用；不來的，就是追求也追不到。可以得到的就去努力，能解決的就去解決，不能得到的就放棄，放棄不了的就只好接受！這樣一來，心中就舒坦多了。」此人雖未開悟，學佛已有受用了。

所謂無我，《金剛經》講「無相」，是指我相、人相、眾生相、壽者相，其實這四相，都是我相。你我相對；眾生和你我相對；壽者則是你、我、眾生在空間裡的移動，時間裡的過程。這些都是從「我」來的。如能無我，就能夠實證無相，那就能夠見性開悟了。

諸位不要迷信，以為打一個禪七，就能見性、開悟。開悟、見性，確有其事，但當你的「自我」相還是那麼強大，自私心還是那麼堅固，怎麼可能開悟見性？有人想：「我本來自私、我執很重，但是一打禪七，只要挨師父恰到好處地吼一聲或打一板，就幫我把自私拿掉而開悟了！」我聖嚴可沒有這個本事。要知道，「我執」是根深柢固和生命連結在一起的。要除我執，必得自己用功才行，師父只是指導你如何用功，當水到渠成時，只消輕輕一點，「我執」即可頓除。

然而，若要去掉我執，實證無相，須先「無住」。住是停留，停留在所見所聞所覺所知，就叫住。見、聞、覺、知四個字，其實就包括了一切知識世界、精神世界、心理生活世界、生理生活世界；這一切都不能執著，有執著就是有住。凡是有我及我所有的觀念，便算有住，便是有相，便不是無我。

如何才能達到無住的程度？先要「無念」。

「念」就是一種分別作用，有念就是有分別，無念就是無分別。能夠無分別就是無念，能夠無念就能無住，能夠無住就能無相，能夠無相就見無我的自性。「無常、苦、空、無我」，是佛說的；「無相、無住、無念」是《六祖壇經》裡說的。也許有人認為禪宗是講「頓悟」的。是的，不過，叫你當下無念、無住、無相，做得到嗎？如果能，你便頓悟。否則舉心動念都是分別執著。悟了的人，如果仍舊是在煩惱執著之中生活，悟與未悟又有何差別？

我曾教誡一位弟子，要他不要這麼執著！他卻說：「師父，我還是凡夫啊！我沒有辦法不執著！」這是原諒自己，自甘墮落的態度。他應該這般想：「我不是聖人，所以尚有執著。如今既然學了佛，師父也講了道理、教了方法，我就要學著不執著，就是勉強的，哪怕是假裝的，也要學一學！」

今天也有人告訴我說：「我的心量很小，發願發不出來，也不敢發願，怕發了願，就真得去做，那可不是好玩的！」眾生無邊誓願度，發了願就要度眾生，確實不容易。我告訴他：「發暫時做不到的願，也沒關係，不妨發個空願，先從假的做起，然後才會漸漸地真做，如此一來，總算是有個開始了。」

各位若想真正地從佛法得到益處，沒有別途選擇，唯有腳踏實地，從基本處下工夫，在「無念」上下工夫。

我們現在教各位每天練習的方法，就是為使各位一步一步地達到「無念」層次的訓練過程。我們的心頭，時時都有念；散亂心強的時候，念念都是妄念、都是煩惱心。用上方法以後，漸漸地便能從貪、瞋、癡、慢、疑這些煩惱心理，脫離開來。也許有人以為，用方法也是執著。是的，但卻不是煩惱的執著；方法不會帶動更多的煩惱，而且可以除煩惱。方法就是「道」。昨天講戒、定、慧三無漏學，就是「道」，就是六波羅蜜及八萬四千法門的總綱。

數息的方法，簡單地說，可以歸納成三個層次：集中心、統一心、無心。集中的階段是將散心慢慢地集中到方法的專一。進一步是身心統一，前念與後念統一，內外統一，統一心的時候是定境，這和外道的定是相通的，關鍵在於觀念的正不正確。如果是以佛法的正知見為修行方法，那便可超越外道的世間定而得解脫，因為正知見能引導我們產生無漏的智慧。如果僅僅修定，怎麼樣也無法證解脫果，必得有佛法知見的幫助才行。所以佛對利根人說法，往往便能使聞者開悟、得解脫。禪宗的修行也是如此，若得到統一心的經驗之後，聽開示，用話頭、公案的方法來生疑情、破疑團，那就有見性的可能。

若要進入悟境，不能僅憑空想，要付出做工夫的耐心。從禪宗歷史如《景德傳燈錄》、《五燈會元》等的記載來看，不假修行而大徹大悟的例子並不多見。故有「不經一番寒徹骨，哪得梅花撲鼻香」的警句。你們進來禪堂幾天，就想能夠由一條毛毛蟲蛻變成花蝴蝶飛舞出去，是不切實際的。我要教各位：不論觀念及方法，要從基礎開始。否則，你就可能以未得謂得的慢心，去引導他人跟你學習，那是自害又害人了。求升反墮，是大不幸的事。

第三天開示

孤立（晨坐）

今天起，要請各位練習「孤立自己」。

「孤立」，分成三個層次：

第一，要把進入道場以前，打完禪七以後的事都丟開，要把禪七的時段孤立起來。所以要求各位不看書、不看報、不講話、不寫信、不打電話……，和道場以外的所有人、事、物都隔絕。在禪七這個階段，對這世界來講，過去沒有你，未來也沒有你。

你像活在一個孤島上，沒有文明、沒有歷史、沒有這個島以外的知識和觀念。

禪七以前的事、禪七以後的事、禪七以外的事，跟你完全沒有關係。否則你便拖著一條大尾巴、背了一個大包袱進來，就太辛苦了，那就不是來打七，而是來打妄想。若有禪七以外的任何念頭出現，你都要告訴自己：「這和現在無關，我自出生之後就在蠻荒的孤島上，怎可能有這樣的念頭出現！」

第二，在禪七道場中，把自己和其他的人孤立起來。「把心念交給方法，把身體交給蒲團。」而蒲團上只有自己沒有別人，禪七裡的任何一個人、任何一樁事，都跟你沒有關係。

人家走你前面也好，坐你旁邊也好，跟你都沒有關係，如果有人發生古怪的現象，或者是外面有人跑進來轉一大圈，在你面前晃了又晃，你也一樣：「這和我沒有關係！」

「天下本無事，庸人自擾之。」如果心念不受外面影響，天下事不會干擾到你。

地震了，跟你無關！飛機摔下來，跟你無關！房子失火了，跟你無關！連身體上發生了痛癢等觸受，也要告訴自己：「跟我無關。」

第三，從前念後念把自己孤立起來。不管前念後念，只有現前一念用在方法上。前念是好是壞，後念將會如何，都不管它，只有現在這一念，繫在方法上最重要。

過去的已過去，未來的還沒來，懊惱、得意、擔心、期待，都是妄想。

無相禮拜（上午禪堂）

這炷香，我們要以禮拜來做為修行的方法。

禮拜時，不要去想你是向著哪個方向，也不去想你是禮拜哪一尊佛，只顧全心注意你身體的每一個動作。

動作要慢，就像電影上的慢鏡頭一樣，慢慢地、慢慢地拜下去。合掌時，眼睛看手指尖，然後拜下去時把注意力放在手掌上。注意手的動作、腿的動作、腳的動作。

拜下去的時候，頭不要低，頭部和上身保持打坐時的姿勢；彎腰而不彎背；腿屈蹲下去而不是用頭栽下去。頭部與背部保持直線水平地拜下去。以前額貼地，不是頭頂著地，否則頭會暈痛。

注意身上每一個關節、每一根筋骨、每一寸皮膚的動作和感觸。專注、輕鬆、自然，任何部位都不要有緊張的現象，身體柔軟、呼吸舒暢、肌肉鬆弛、神經舒緩地拜下去。不要像根木頭或鋼條那樣往地上倒下去，而要像一朵棉花、一片雪花那樣輕飄飄地落到地面。起來的時候，好像海棉一樣，慢慢地彈起來。地上雖然是水泥磚或木板塊，但要感覺像是在波斯地毯上那麼柔軟、舒暢。自己的身體，輕巧自在得猶如一片浮空的白雲。

禮拜有三個層次：

第一，要清清楚楚地知道自己在拜，清楚地知道自己每一個動作。第二，自己指揮身體在拜，那個身體不是「我」，好像自己看著、指揮著另一個人在拜。就像開車一樣，汽車不是「我」，但它聽「我」指揮。第三，指揮到純熟自如，僅以心看著這個人在拜，而不必用心指揮身體。清楚地看著身體拜，身體雖在拜，而自己的心卻沒有動；好像自己沒有在開車，但車子自己在開動。到了這程度，就會非常地輕安舒暢，已沒有身心的負擔。

這樣的禮拜方法，沒有拜的對象，不為求得什麼，只為調順身心，結果便將身心忘失於禮拜的動作之中。

放鬆（午齋）

禪七之中教給各位許多方法，目的只有兩個：一是使諸位學會放鬆身心，二是讓你們隨時都能安定身心。這兩者其實是一體的兩面，只要能放鬆就能夠安定，能夠安定就會放鬆。但是，首先要練的是放鬆，安定可以說是放鬆的結果。

能夠放鬆身心，煩惱必然減少，壓力、負擔也才得以減輕，心智才會明朗。練會了身心放鬆，注意力自然集中，身體的機能也得到平衡，心情才能夠寧靜。學會放鬆，不只對自己身心健康有用，對日常生活有用，對自己的家屬、親戚、朋友也都有益。

一般人認為自己念幾句佛號，把功德迴向給人，就是對眾生結善緣，其實，迴向固然有用，但是作用不夠直接。我們若能放鬆身心，則言行、舉止、觀念、氣質，都產生了變化，於己於人才更直接、更有「用」。

如何把心放鬆？簡單地說，好事不強求，壞事不拒絕。一切現象的發生必有其原因，要平心靜氣地接受它、處理它、完成它，這就容易放鬆了。

貓捕鼠・揭茅坑（晚坐）

問：數息時覺得頭痛。

答：頭會痛是因為數息的時候，用腦子去想。注意力應該放在墊子上，而不要放到頭上；重心要放在臀部和墊子之間。

問：覺得胸部悶、呼吸困難！

答：這有兩種可能：一是氣動，氣卡在脖子或胸部；請把注意力的重心感，置於腳掌湧泉穴，氣動現象即可能消失。另一個原因，則是小腹緊張，就把小腹放鬆！若在小腹放鬆後，還是沒法數息，那就不要數；可以念佛，也可以看念頭的出入，或者只看呼吸進進出出而不要數次數。

問：如果是呼吸微弱，找不到呼吸呢？

答：呼吸弱有兩個原因：一種是懶，呼吸愈來愈弱，覺得有氣無力！這樣的話，就把下顎往內收，把腰部挺直，然後做幾個深呼吸，這就好了。第二種是方法用得綿密時，呼吸愈來愈細、愈深、愈長，一分鐘可能只有兩、三次；如果還知道有呼吸，就跟著呼吸觀其出入，吸到哪裡，你就看到哪裡，有時吸到小腹，有時到手指腳尖，呼氣的時候，則是感覺全身毛孔都像開了窗戶，從全身出入；

這樣的話，就不要數息了。

問：打坐時，覺得身體似乎往後傾。

答：你閉著眼了，是不是？眼睛閉著打坐，容易發生幻覺，有的人會看到房子失火了、地震了、猛獸來了等，這都是由於感覺神經不平衡，才產生的錯覺，睜開眼就好。

問：妄想太多，方法用不上力怎麼辦？

答：就好像滿池抓鰻魚，是不是？感覺上，似乎抓到一點就溜了，才看到就不見了。這時，若用數息，則倒過來數，先數雙數，再數單數：「二十、十八、十六、……六、四、二」；然後「十九、十七、十五、……五、三、一」。如果還有妄念，則在數數目以前，加一問句：「下一個是幾呢？」例如「二十」數完，就想：「下一個是幾呢？」「是十八！」「下一個是幾呢？」「喔！十六！」……這樣子一忙，就沒時間打妄想。這個方法既有用又好玩，但卻不是打妄想。

另一種方法，則是在妄想出來時，把它編號列管：妄念一出來，看它是哪一類，是貪還是瞋還是癡。妄念一起，則「貪字第一號」；另一個妄念來了，「瞋字第三號」……，就這樣一個一個給它編號。同樣的念頭出現就給它同樣的編號，並且註明次數。這樣，就不怕妄念起來。妄念起來，就把它編號歸檔。說來也很奇怪，不編號它就常出現，一編號它卻不太敢出來了，就像流氓怕被列管一樣，妄念也怕被登記。

問：先前覺得胸悶，現在覺得胃悶！

答：因為你把氣吞下去了。你不是在數息，而是在「吞氣」。你現在先不要數息，可以數數目字、或計數念佛：「南無阿彌陀佛一」、「南無阿彌陀佛二」……，也是數到十。不管肚裡的氣，做三次提肩深呼吸，然後頂多打幾個嗝，或者放幾次屁就好了。

問：如果是胃痛呢？

答：如果原來沒有胃炎、胃潰瘍等胃疾的話，胃痛的原因之一是痙攣；太緊張了。坐的時候不但小腹緊張，連胃也緊張了。請把小腹放鬆，並且心裡默想：「我的肚子好大！」會有幫助。

問：已經打坐好幾天了，腿還是會痛。

答：我坐了五十年了，腿也都還會痛。痛是必然的，不注意它就不痛。

問：坐久時，腰挺不起來！

答：挺不起來就彎下去，休息一下。彎下去容易昏沉、想睡，那就挺起來。能挺就挺，挺不起來就彎下去，自行調整，只要心念保持在方法上就行。坐到氣通脈舒，背也自然挺直。

繫念用功・綿綿不絕

打坐時，身心都可能會有反應。有的是令人舒服，有些卻令人苦惱，就像爬山一樣，有時順利，有時困擾，這是必經的過程。翻山越嶺，上上下下，總是需要的。因此，坐了一炷香不錯，坐了一天也不錯，之後又不好了，這都是正常的。我們的體力和心力，就是如此。汽車在高速公路上飛馳，再平順仍然要消耗汽油；同樣地，坐得好，也仍然會消耗體力，就會感覺疲倦。所以坐了一炷好香，不要貪求一直好下去。當然，老修行者的狀況就不同了。

所謂老修行者，是指修行的時間久，修行經驗老到而豐富的人，他們不會拚命用功，卻能細水長流、綿綿不絕。長途旅行的人，都知道如何保持體力，隨時都在養精蓄銳。會打拳、會用劍的人，出招之時，一定不會把招勢用老，不會把力道出盡。老修行者，是在平常心的狀態下用方法，經常保持在穩定的、蓄勢待發的狀態中，絕不會讓心念起伏不定。

更明確地說，老修行者，並非從修行時間的長短上來衡量，而是指能夠揣摩到修行方法，能夠做到不費體力和心力，又能夠綿綿不絕的不離方法，才是高手。懂得用方法，根本不費力，大慧宗杲禪師稱之為「省力處」。

會用功的人是繫念用功，不會用功的人是妄想用功。繫念用功，乃是我意識到我在用功，若有意若無意。妄想用功，則是緊抓住方法不放，緊張兮兮、出大力氣，唯恐前後念之間有妄念插進來。這樣子，不必多久就累倒了！繫念用功則是雖然在用方法，心裡卻是輕閒舒緩地，腦筋不緊張，身、心都放鬆。

聰明的貓，在抓到老鼠後，不會怕老鼠跑掉。老鼠要跑，讓牠跑，然後看準去路，把牠截回來，若無其事地，好像是在跟老鼠逗著玩，而不是緊追不捨。只有小貓抓老鼠，才會緊張兮兮，拚命跟在後面窮追。會抓鼠的貓是不會累的。

各位在用方法時，不要費力，不要拚命；要以逸待勞，從容不迫；要四兩撥千金，不要硬闖硬碰。幾天以來，教各位要孤立、要放鬆、要自然，就是這個道理。各位要學老貓抓小老鼠，不要學小貓抓大老鼠，這才是禪的修行。

禪的修行，目的在開發我們的智慧。而智慧要在煩惱脫落時，才能顯現。智慧就是覺、就是菩提，而煩惱和菩提是同體相對的。自私心的人、煩惱重的人不容易開出智慧，情緒化的人、神經質的人不容易證得菩提。

人的煩惱愈重，氣質就愈渾濁。禪的訓練，就是要改變人類的氣質及品質。有人希望得智慧，希望開悟，卻沒有想到，得先改變自己的氣質。滿心以為，只要師父給他一個開悟的方法，就可以得智慧、斷煩惱了。這種人心裡老這樣想：「煩惱是因為愚癡，愚癡是因為沒有智慧，沒有智慧是因為沒有開悟；所以只要開悟了就有智慧，就不愚癡、就沒有煩惱了！」這種想法，是倒果為因。一定要由因而果，先改變氣質，先把我們的濁氣減少，才能得智慧，才能開悟。

以前農村裡使用的廁所叫作茅坑，夏天時大太陽一曬，茅坑裡的上層，會結一層厚厚的屎皮，就把臭氣蓋住了。冬天時下雪冰封，茅坑也不會臭。除非是把冰打破，把屎皮打穿，臭氣才宣洩出來。

打禪七，就像掏茅坑一樣。茅坑一搗當然會臭，如果把它封蓋起來，表面看來似乎是不臭了，但卻是臭味深藏、毒氣更重；因此得要翻了又翻、翻了再翻，多翻幾次，把臭味全部蒸發掉了，以後就永不會臭了。因此，禪七時，發現自己的缺點和妄想是好事。當你知道自己的缺點愈多，你的人格才愈能健全。

今天中午已說過，你在禪修後，若能把氣質改變一點、人格健全一點，才能對你家人對你朋友有所助益。曾有人為了來打禪七，跟媽媽說：「請妳讓我去打禪七，我把打禪七的功德都迴向給妳！」然在打完禪七回去以後，媽媽說他兩句，他就頂撞三句，本來曾把打七的功德迴向給她，結果這麼頂撞一下，功德迴向又有何用處？

要使氣質轉濁為清，一定要將自己情緒的煩惱，轉化為慈悲及智慧。情緒的煩惱愈淡，心理就愈健康，環境周遭的人也會跟著受益。否則，就算打了十個禪七回去，用處還是不大。要能帶著慈悲心回去，帶了智慧心回去，那才真正對人對己有用。要做到這，便先得把自己的煩惱減少。如何減少煩惱？不外先減少企求心、自私心、急功好利心。

第四天開示

心浮氣躁・慚愧懺悔（晨坐）

昨天講到，老修行者是用繫念修行，不是用妄想修行。妄想和念頭，兩個都是飄動不定的，前念飄、後念動，用動的去追逐動的，怎麼會不累？須知正確地用方法時，前念和後念，就像扇子和羽毛一樣。前念的方法要像扇子，橫在那裡不可動；後念的妄想則像羽毛，讓它自然地慢慢地從空中飄落下來。若扇子一動，羽毛就會立即飛掉。要知道，心浮氣躁的妄想很消耗體力，不會用功也很消耗體力，因此就容易昏沉。

打從禪七的第一天起，就教各位要把重心、重量感往下放，放在腳底、放在臀部，這是修行上非常重要的觀念。練氣習武學藝的人，常有「氣沉丹田」之說。若能經常保持重心在下半身，便能上輕下重像個不倒翁，才會輕鬆穩定。平常人都是頭重腳輕，腦袋裡裝了很多東西而又料理不來，所以煩惱、痛苦，以致自害害人、自傷傷人。

我們聽過罵人「輕骨頭」、「全身沒有四兩重」的毒話，就是說人浮躁、不踏實，所以「輕」，所以不穩定。為什麼會輕浮不踏實？就是因為沒有慚愧心、沒有懺悔心。對不起人家、對不起自己，自己卻還不知道，這就是無知、就是不知道慚愧。這樣的人是沒有辦法修道成道的。如果知慚愧了，就要懺悔：我知道過去錯、我知道現在錯，我希望從此以後不再錯；這也叫發願：我承認錯，我願從此以後不再錯。再錯，再懺悔；一次又一次，便能增強信願，如法修行了。

懺悔禮拜（上午禪堂）

打坐時，方法用不上，心頭妄想多，身體情況多，這些都是無始以來的因果障礙。

本來師父的話，是為你們脫困解縛，可是你們聽到耳裡、進入頭腦一轉，反成了障礙、變成了煩惱。本來我把方法已經說得很明白了，被你一用，就是用力不上。你的心、你的頭腦，好像被鬼築的高牆擋住了眼前的視線與出路，門前明明是條寬敞大路，當你跨步出去，腳下踩的偏偏就是狗屎、牛糞。這些都是無始的心障。這一生沒作什麼大惡，但就是障礙重重。要知道：這些東西都不在心外，而且不修行時不會發覺，反而愈是修行，煩惱愈重，障礙愈多。不過，不要擔心，這是好現象，是修行用上力的徵象。這時該用懺悔的方法。

佛法的修行中，有種懺悔的方法，稱作拜懺。拜懺時，如果只是像雞吃米一樣叩頭、嘴巴裡咿咿唔唔，而心裡卻不相應，那樣的拜法，不能說完全沒用，實際上功效不大，懺悔時，心中要坦誠，不隱藏自己應面對的醜惡。

經過幾天的修行，大家應當已有勇氣，面對自己的醜惡面了。

從外表看，每一個人都很好，但這是假的。裝假也很好，對別人假，表示知懺悔、知羞恥。平常對自己假也很好，否則活下去的勇氣都沒有。但在修行的過程中，不能再裝假了；要赤裸裸地，就怕自己揭露得不夠徹底，鞭策得不夠痛快。

懺悔，就是面對自己。面對自己的過去和現在。昨天講了，修行就像掏千年陳茅坑，要把陳年茅坑裡的臭氣翻攪出來，讓你自己嗅茅坑裡的臭氣。臭氣發散得愈多，就愈乾淨。就怕你捨不得掀自己的陳年茅坑，狠不下心來面對自己，那就真的很可憐了！

現在，一面禮拜，一面注意自己的缺點。注意力不在身體動作，而是專注自己的缺點。對不起人的、對不起自己的，那就是缺點。有人認為自己沒有任何對不起人的，可能嗎？是人，就有人的業報和習氣，就不會說沒有缺點，每個人都是滿心的創傷、滿身的瘡疤，你要捨得忍得，把瘡疤一個一個揭開來，否則便不知道自己有多醜陋。

不必講給師父聽，師父不需要知道，你應該面對你自己，痛下針砭，懇切懺悔。

現在開始，拜下去！慢慢地拜。

打開心胸，面對自己，痛加鞭策，你才有希望心得安寧。

我們經常是眼睛看人，說這個不對、責那個不好。很少能想到，自己比他人更差。經常原諒自己而埋怨他人，這就是可惡的一面。

想想看，自己對得起誰？對得起父母？孩子？老師？朋友？長輩？同事？對得起自己嗎？有沒有糟蹋了自己？父母生了我這塊材料，有沒有好好用它？還是把它糟蹋了！

自私！自大！自欺欺人！這麼荒唐的人，不願先悔過就想開悟嗎？

現在，大家起來，把眼淚擦掉！

把剛才的慚愧和懺悔擺下，不要再去想剛才的事。我們要能夠隨時隨地檢討，也要能隨時隨地說放下就放下。知慚愧、知懺悔之後，馬上要用方法。因為慚愧心生起之後，心情就容易穩定，心氣沒那麼浮躁，也就比較容易用功了。身體交給坐墊，心念交給方法。

出離心・菩提心（晚坐）

修行不能沒有出離心，沒有出離心而想開悟，那一定是外道。目前有人自以為在教禪，自命為禪師，但是不離五欲，認為釋迦牟尼佛也不離欲，並且主張在欲中才能真正地修行。那是外道，不是佛法。

有出離心才能出三界，才能在生死之中自在，才能不被五欲勾引、不受塵境動搖。

有人會以為出離心是小乘，禪是大乘，兩者無關。不對！人間的倫理道德、小乘的出離心、菩薩的菩提心，這三樣具備了才是大乘的禪。

若沒有以出離心做基礎，那便是戀世的心、貪著的心，或者是含藏慢心、狂心的一種英雄主義。所以，沒有出離之念，就不能稱作是菩提心。

「人欲橫流」的時代，物質文明的誘惑太多，所以要出離很難。因為出離心，必得離五欲。如不離五欲，則梵天都生不了，何況要證大小乘的聖果。既想開悟證果，又想不離五欲，則是絕不可能。

出離心實在難發；正在五欲中打滾的人，要他生起出離的意願，非常不容易。現在的臺灣，學佛學法的人好像很多，而且似乎也很用功。但其中有人，只是想從師父這裡學點東西，然後出去逢人販賣而已，甚至自己也當禪師主持禪七；真地要他發出離心就不容易了。可是，必須先有出離心才有可能了生死。想得虎子，必得有入虎穴的勇氣，有此勇氣，努力愈大、信心愈強，修行才能得力。有了出離心，才會死心塌地好好用功，為佛法做干城，不貪戀世間所有，只以清淨的佛法做依歸。

至於發菩提心，一定是捨己而利人，是「不為自己求安樂，但願眾生得離苦」。真正的菩提心是要「為眾生做床座」、「為眾生做牛馬」。「做牛」、「做馬」，聽起來好像很可憐，但是，牛馬是馱著人走的，別人到了目的地，牛馬自己也一樣到了。「為眾生做舟航」，把眾生從此岸運到彼岸去，眾生上岸了，舟航也靠岸了；若能於彼岸此岸來去自由，根本無所謂彼岸此岸，亦無所謂岸上水上。所以發菩提心絕對划算。

已經有家有業不太可能出家的人，仍然要有出離心，才不會受到世間人事的誘惑和影響而煩惱不已。有出離心，才能了知苦空無常，並且體驗到世界是苦空無常的。

許多人誤解，以為有出離心就是不要世間、不要父母、不要兒女……，通通都不要了，那叫逃避現實。出離並不是厭離、不是逃避。若父母健在而不盡子女的責任，這就不對。釋迦世尊出家時，父母有人奉養，生活無虞。六祖惠能大師當初要去求法，也是先安頓好了老母。所以在家也好、出家也好，發出離心，並不表示不負責任。出離是不占有，權利可以不要，責任一定要負。父母遺產可以不要，父母若無人奉養，托缽也要奉養。

若想學得深厚，深入佛法的受用，這兩個心不可或缺。發出離心就沒有執著，發菩提心就不會自私。

第五天開示

發大悲願心（晨坐）

慈悲可分三等：1.有親疏之分的，2.有主客對象的，3.平等普濟而三輪體空的。

真慈悲一定要從真智慧產生。沒有無我的智慧為指導，慈悲便是不清淨的。清淨無私的愛，也可算是慈悲，凡是有我的、自私的、帶有情緒情感的慈悲，便是所謂「有情眾生」的愛。有情，所以有煩惱；自己有煩惱，也會帶給別人煩惱，豈能名為真正的慈悲。在凡夫的階段，當從初等學起，然後登二望三。

真正的慈悲是沒有親疏遠近等條件的，《法華經》的一雨普潤，便是平等的慈悲。只要有條件，便是以自我為中心，便都會有煩惱。若不斷除煩惱，慈悲便不真切。是故若知眾生苦厄，而起慈悲願心，必當以大勇猛心，修精進行，斷惑證真。至於如何修行？不外以正知正見的觀念做方向的指導，以安全可靠的方法為實踐的鍛鍊。這也就是我們在禪七之中，必須要練習的功課。

禪法即是最上乘的佛法。佛法的基礎，不離因果。當以大菩提心為因，大悲願心為根，禪修始能有方向及重心。否則便是盲修瞎練，或被譏為「腳不點地」的無主幽魂，豈能真的明心見性。

沒有出離心者是凡夫，未發菩提心者是外道，不發大悲願者是小乘；唯有具足三心，方是大修行人。世上有很多人修道，以為道的最高層次是萬物同歸，故也認為任何修行，皆與佛道同源。究其實際，若不知有出離心、菩提心、大悲心者，當然不是禪道及佛道，乃是佛法以外的外道。

若發大悲願心，便得對心繫苦惱的眾生，隨時給予協助、關懷、救濟。眾生在哪裡？就在我們家裡，以及每天接觸到的每一個人。古來禪門祖師教誡禪修者，當在平常待人接物中攝心安心，若能經常練習著以慈悲心待人，必能以智慧心待己，那就是最上乘的禪者工夫了。

如果你對眾生，常懷占有心、征服心、控制心，而沒有包容心及關愛心，便是不慈悲，便不是在修行。

慈悲不能有條件，例如你對人好是指望人家也對你好，或是擔心你不對他好可能會惹麻煩；這好似農夫養豬、飼牛、餵馬、畜羊，為的是吃牠的肉、要牠的毛，或是要牠工作；都是為了自己，而不是真正的慈悲。

發大悲願，是願眾生都得究竟安樂，那就必得用佛法的開導才能完成。現在社會上大家知道要做福利事業，確實很好。但只做福利事業，並不是最好，那只是治標；要以佛法來淨化人心、淨化社會，方是標本兼治，使人得真安樂，這才是根本之道。

諸位來打禪七，便是來修學佛法的精義良方，以備用之於日常生活中。處處示現慈悲，時時運用智慧，方算沒有白來一趟。

隨時隨地，舉心動念是為眾生得安樂，不為自己求利益。若能如此，自我中心的煩惱執著，才會愈來愈少，明心見性的時日，才會愈來愈近。

大多數人都知道愛心是美德、慈悲是善行。不過，當親生的孩子病了會難過，希望他快點好；至於鄰居的孩子病了，便沒有那麼迫切；陌生人的孩子病了就沒什麼痛癢；異類眾生遭到屠殺，那就更因事不關己，可以隔岸觀火了。禪修的人，豈能如此？不僅要關懷夫妻兒女等家人親人，也當隨時隨地以慈悲心關懷所有的人，乃至一個微小的生命。

有些人說：「等我成佛之後，再來廣度眾生。」這是顛倒本末。釋迦世尊出世時代，是因為世間尚沒有佛法，所以必須自己先去發現佛法，然後來度眾生，我們現在已有佛法，故在自己受用佛法的同時，也就要把佛法傳揚給人，這才是有慈悲心。

但我們的情緒經常在波動，我們的信心不夠堅定，所以要來打禪七，要來聽聞佛法，由聽聞佛法而信受奉行。打禪七能使我們增長信心，堅固正見，確立正確的信行。

希望各位發出離心、發菩提心、發大悲願心。這樣才能心中無私，這樣才能把方法用得著力；不為自己利益，才能得大利益。

內外之分（早齋）

各位都是為了自己的利益而來參加禪七，抱著這種心態很正常。進入禪七之後，我卻要告訴你們，唯有徹底放下自私的自我利益，才可以得大利益。別人也能因我而得利益，這便是自他兩利的菩薩行。

這些觀念，我必須一再地提醒你們，因為怕你們不清楚。就好像生客進飯店，只見到五花八門的菜單和菜色，卻分辨不出餐點的好壞和營養成分。我就像是餐館的跑堂，正在為你服務，告訴你何者好吃、有營養、可以吃出健康；這是我的責任，如果不說的話，於心不安；聽與不聽，由你自己決定。

從禪七開始到現在，你們經常聽到我在批評別人，罵那個是外道，罵這個是邪門，甚至連佛門中的人也被我罵了進去。佛門不是廣大、包容，而最有涵融的嗎？

我必須慎重地告訴諸位，這就是「內外之分、邪正之辨」。其中歧異絕對要弄得清清楚楚，才能有智慧的抉擇。好像我跟你同去赴宴吃飯，結果你分辨不出何者有毒，何者有殘留的農藥，何者有非法的添加物，雖然乍看全是食物，但吃了會中毒。我既與你同桌共餐，而且我已明知如何選擇食物，當然要一一向你指明，否則便是我不慈悲了。

佛法名為內學，佛法的修學是向內求的。但是，修行不一定就是內學。一般人講修行，不出三個層次：1.是為身體健康，2.是使心理平衡，3.是使精神昇華。這三個層次，一個比一個高。通常人會三個全要。首先，身體健康，可以做自己願意做的事，也可以多幫助別人；其次心理平衡，情緒穩定，就不會怨天尤人，不致把大家弄得雞飛狗跳。而精神昇華，則更好一層，能夠發覺到：小我是無所謂的，大我比個人還重要，有民胞物與的認知，我與宇宙同在，也與唯一的真神同體。

各種哲學、宗教、藝術都不超過這三個層次。但我要告訴諸位，如果停留在這三個層次，就是外道，既然入了佛門，既然學了禪法，就一定得超越這些。其中第三個層次，尤其危險，一不自覺，便會以為自己是最完美、最偉大、至高無上、神我合一的實證者了，便會出現「我是神，神是我」的權威心態，會產生強烈的支配欲。「順我者昌，逆我者亡」；「我可以幫助你，也可以毀滅你」。這種宗教狂熱的後遺症和副作用，非常可怕，可能造成人類的大災難。所以說「神與魔難分」，是因為精神昇華也可能產生傲心、慢心，自以為悲天憫人，可以救人救世，而為了完成他救人救世的目的，所以要操縱、征服、控制、抹煞人性，結果弄成個人崇拜、執著更深。這是外道，而非佛法。

所以，我們一定要超越這三個層次，才能真正解脫自在，才能真正見到佛性。

但是，儘管一再強調外道和佛法的區別，卻不是要各位去攻擊外道。有些人的因緣，只能接觸到外道，它的存在是事實，我們不得認同外道，卻要用佛法的包容、涵融去超越外道，努力宣揚佛的正法，便等於破除外道。

知恩報恩（午齋）

儒家有言：「一粥一飯當思來處不易，半絲半縷恆念物力維艱。」這其中就有報恩的思想。現今高倡環保意識，正迫切需要實踐這兩句話。不能一邊追求物質享受，一邊口頭空唱環保；一方面要求享用便利，一方面又罵他人忽視環保，這就言行矛盾了！

禪的修行者，生活原來就力求簡單樸實。我常告訴弟子們，冬天只要凍不死，平常只要餓不死，物質生活就算夠了。

我們除了要知福惜福，也要植福培福，不能老是享福。但是每一個人，多少都懷有占點便宜、享點現成、圖些方便的心態。

善根深一點的人，比較有良心，會想到回饋，便是知恩報恩的行為。

禪修者，不僅要知回饋，而且更要知道布施結緣。不論他人對自己是否有利，自己到了哪裡，就當讓那個地方得到利益。這樣就是發菩提心、發慈悲心。

布施不必要有原因，也不需談何條件。從世法來說，「回饋」是對的，但從佛法而言則是錯的。布施的給予，不談條件，不是交換，才能避免從「我」的角度來考量，也才可能減少自我中心的執著。

真正的「知恩報恩」，不是「回饋」。譬如你這次來打禪七之後，想要報師父的恩，結果拿了一大堆米、一筐子菜來回饋我，這豈不要脹死我啦？報一切恩，莫過於度眾生，不要只講狹隘的回饋。報師父的恩，要能理會師父的心志。我做的是度眾生的事業，你們從我這裡得到了佛法的好處，便應當從修持佛法而來護持弘法的事業，讓更多的人也能得到佛法的好處，這才叫作知恩報恩。

諸位知福，所以來打禪七，惜福所以盡量節儉，懂得培養福報，所以要用世法、出世法，盡心盡力、廣結善緣。

禪與悟（晚坐）

許多人羨慕開悟，以為一悟，佛法就能不修而得。像六祖惠能，沒讀什麼書，開悟之後，一切經教，都是他自心中物，《六祖壇經》裡引用了《法華經》、《維摩經》、《般若三昧經》等；六祖大師一開悟，那些經典就從天上像用漏斗灌油瓶似地源源不斷灌到他腦子裡了。有這樣的事嗎？如果有，那是神話小說，或者是外道的幻術。

佛法，一定是要自修自證的。

禪是頓悟，亦不離漸修。漸漸地修，突然間悟；也有突然間悟，然後漸漸地修。有的人是因過去善根深、根性利，很快就悟了，不一定要有打坐的過程，即能於言下大悟，像惠能大師，聽商人念《金剛經》他就悟了。

馬祖有個弟子叫石鞏慧藏，原來是個獵人，專門獵射麞鹿。有一天他追逐一隻鹿，正巧鹿逃跑到馬祖那裡去，馬祖就把鹿藏起來。獵人一路追到馬祖這裡，質問馬祖：「鹿跑哪裡去了？」馬祖不回答他，反而跟他比射箭，問他：「你會射箭嗎？你一箭射幾隻鹿？」獵人很得意地回答：「我當然會射！我每發一箭，就一定能射到一隻！」馬祖語帶輕蔑地說：「一箭才只能射一隻啊？」「你呢？」「我一箭能射一群！」「一箭射一群?!你怎麼這麼殘忍，忍心殺害這麼多的鹿！」獵人很氣憤地責怪。馬祖也不生氣，慢條斯理地反問他：「喔！一箭射一群是殘忍，一箭射一隻就不殘忍？同樣是命，怎麼忍心！」一句話，打動了石鞏的心，當下回心轉意，把箭、弓都折了，立即出家，成了馬祖的入室弟子。

還有一位神讚禪師，他到百丈禪師那兒去參學開悟後，回到剃度他出家的寺院。有一天，見他的剃度師在看經。正好旁邊有蒼蠅正在紙窗上闖，一次一次地撞在紙上，找不到出路飛不出去。他就對著蒼蠅，似有心若無意、又像指桑罵槐地說：「像你這樣在紙堆裡鑽！鑽個八輩子也別想鑽出頭去！」他師父聽了回頭看他，看是怎麼回事；他故意裝沒事，眼睛就只盯著蒼蠅看。

又有一天，他的剃度師在洗澡，他就替他師父擦背。一邊擦一邊自言自語地說：「可惜啊！可惜！這麼好一座佛殿，可惜佛像沒開光！」他師父回頭看看，問他說誰：「沒有！只可惜佛像沒開光就是了！」這師父洗好澡，愈想愈不對勁，這徒弟出去幾年，怎麼回事，說話怪怪的。於是把徒弟請了來，恭敬地禮拜他。拜過兩拜要拜第三拜時，徒弟說：「不要拜了啦！你究竟要問什麼？」師父就問：「你這幾年在外面，遇到誰了？」「沒遇到誰，就遇到個百丈禪師！」於是他師父就敲鐘把全寺住眾集合來聽這位徒弟開示。後來經徒弟證明，這師父是聽了他的兩句話開悟的。

你們之中，在座有的人來打禪七，是為了要我證明他開悟，或者是要我給他一個見性成佛的方法。這未免太心急了！六祖惠能大師開悟之後，並沒有緊追著五祖問：「我開悟了沒有？」也沒有問：「什麼時候傳法給我？」六祖見五祖的時候，五祖已經知道：這是一匹千里馬。但五祖還是把他放到大寮米倉去舂米。六祖也沒想到自己開悟了沒，也沒有想到傳法接法問題，他更不會想：「怎麼五祖不知道我的程度呢！」

你們不要急。我每天都在海裡撒網撈魚！你們都是大魚，只不過尚未闖進網裡而已。

禪的悟境當然是有的，但是不能急著想求悟境。至於什麼時候見性、見道、開悟，那沒有關係，因為不管開悟不開悟，都還是要這麼用功，並不是開悟以後就不必用功了。就像開車，只要注意車況如何、路走對了沒，而不要老是問：「到了沒有？」只要方法對、方向對，持續地用功下去，到了的時候自然就會到。

開悟又名證驗，禪與證的關係和條件是什麼呢？不妨順便談談。

所謂「證」，是指經驗，也可說，禪七的過程就是你的經驗，這也是證。過程就是結果，所以打禪七的事實也可名為「證果」。但在禪宗，從唐到宋，祖師語錄裡從沒講幾果幾果，也從沒講開悟有什麼層次，只說「有省」。有省就是悟。有的人悟很多次，有的人只悟一次。日本的道元禪師稱這叫「桶底脫落」。也就是自我中心沒有了，自我的痕跡沒有了。這就叫悟境現前。悟了以後呢？更平凡，更像個普通人。

在我受戒期間，供十師齋的那天，發現少了一位尊證和尚，就是我的師父靈源老和尚。供齋時間已到，照說靈老是一定不會遲到的，但就是不見他的人影。大家四處尋找。突然有人說：「廚房裡有老和尚在吃東西，是不是就是靈老啊？」大家趕快跑去看，果然是。「靈老！您怎麼跑到廚房裡來吃了呢？大家等您供齋啊！」「我也不知道啊！我在大門口說是來應供的，人家就帶我來這裡吃了呀！」因為他穿的是一襲破破爛爛的羅漢中褂，也沒穿海青，提著個破布包，怎麼也看不出像個大和尚。人家帶他到廚房吃東西，他還吃得津津有味，他沒有想，也沒有說：「我是戒師，怎麼可能在這廚房應供。」

所以開了悟的人，不會想到自己高人一等，不會在乎自己是開了悟或未開悟，倒是比普通人更普通。

第六天開示

學耍無賴（早齋）

小參時，發現有些人仍然很緊張：覺得時間只剩一天半，方法卻還用不好。也有的雖然偶爾也坐了幾支好香，但好的感覺一下子又不見了，找都找不回來。

眼看時間匆迫，心裡愈來愈急。

我曾用許多比喻來說明「欲速則不達」的道理，許多人卻還在那兒庸人自擾、自討苦吃。我每天都告訴你們，修行就是磨鍊耐性、鍛鍊毅力的。要求心得平安，心早就不平安了。

對付這些妄念煩惱，當用釜底抽薪的辦法，那便是滿不在乎，若無其事，不妨學做無賴。我曾說，禪七的過程就是結果，只要坐上七天，好是結果，壞也是結果，全都是寶貴的經驗。不要一心求好，但求把心放在方法上面。昏沉、散亂，不必懊惱。痛、麻、痠、癢，全由它去，天塌下來，也不管它。

再提醒各位：絕對不可緊張。放鬆之後，至少可讓身體健康、心緒穩定，否則急急忙忙地修行，便會惹出一肚子氣。

剛才有人告訴我說：有一支香坐得真好，心好像開了，非常舒服，以後每回坐下後，就等待心開，左等右等，心就是不開。身心放鬆，舒暢感便會出現，你若緊緊張張地希望心開，卻早已把心門緊緊地關起來了。實在愚蠢！

禪七的修行，沒有競賽，不打分數，不頒獎牌，只管練習放鬆就是。

如法修行（晚間心得總結）

禪七中我很忙，所以對大家的照顧不夠周到。我的身體也不夠健康，對於這回這麼大型的禪七，居然能夠平安地過來，都是各位自己的福報，加上護七人員，辛苦細心地照顧。各位同道同學善知識，也都非常自愛，沒有讓師父操太多的心。這次禪七，我對諸位是滿意的。雖然反應各人不同，總是很順利地圓滿了。打完禪七，每個人的感受有別。有的感覺是誤上賊船，以後再不來了，甚至有人打完禪七以後，回頭過來罵我的三門。但是絕對的多數，都有不虛此行，沒有來錯的感受。

各位打完禪七回去，是禪修生活的真正起點，禪七裡所學到的，都可以帶回去用。依法修行，不會走火入魔，否則，是因為貪圖便宜、執著反應、企求感應。在修行的過程中，身心都會有反應，這是必然的，也是好現象，你只要把它當作幻境、幻相、幻覺來看就好。若是發覺自己有了神通，也不必管它是真是假，把它當作幻境、幻相、幻覺來看，那就很安全。如果覺得有神通，你便表演神通，或者倚賴神通，那你會有大麻煩，真的走火入魔了。

處處安心（最後一炷香）

這是禪七的最後一支香，要把全部的心力和體力投放到方法上，看看這一星期以來，學得怎麼樣，把學到的方法，再復習一下。

當然，打妄想的人還是會打妄想，昏沉的人還是會昏沉。人們常常自以為了不起，以為想做的就可以做到，不想做的就可以不做。其實，從修行中便可明白，自己的心，經常和自己對立，自己做不了自己的主人。白天做不了主，夢中更不用說；活時做不了主，死後當然更糟；這一生做不了主，來生還做得了主嗎？

平常不修行，以為什麼問題都沒有，其實問題才多呢！不該講的話講了，不該做的事做了，該講的就是不知道怎樣講，該做的就是不知道如何做。這就是佛說的可憐憫者。

可憐的是，掩飾自己、袒護自己的短處，誇張自己、欣賞自己的優點，這就是煩惱的根源。相反地，便是沒有自信、自卑自賤、自甘墮落，也是煩惱的根源。故從第一天起，就不斷地告訴各位，要用禪修的方法，首先認清自己，便能肯定自己，建立自信心；最初階段，信心實在不容易建立，因為自己的心，隨時都在三心二意、得隴望蜀，古人形容多變者如朝秦暮楚，禪修時的妄心，簡直是前念秦後念楚，就像牆頭草，東風吹西邊倒、西風吹向東倒。又像在空中飄浮的遊魂，不知道何處是歸宿。

經過七天的禪修，已有人說：「我原來飄飄蕩蕩地，不知何處是歸宿；打完禪七以後，才知道這裡就是歸宿，今後希望隨處都是歸宿。」這使我聽了，幾乎要流淚。可憐，飄泊了這麼多時日，才發現了歸宿處。但願諸位中的每一個人，也都能有這樣的受用。

其實，處處無住處處住，何處不是安心處。但願大家不要老像無頭的蒼蠅，只知狂飛亂竄，須知歇下狂心，當下即是。可惜許多人都像愚癡的幼鼠，雖然身在米缸裡，卻不知道這些米是可以吃的，還要撒一堆屎在裡頭，然後跳出米缸，到別的地方去找米吃。明明立腳處就是歸宿，卻還自甘飄零地到處找歸宿。

擱下一切妄想心，省力地坐這一炷好香罷。

禪七圓滿日

三皈五戒

打完一次禪七，就像洗了一次澡，連身帶心，都像被漂洗了一次。在這七天裡，時時都在打掃清理身、口、意三種行為，雖然尚未清淨，但已正在向著清淨的方向努力。就像餐具洗淨後，裝盛食物，不會中毒染汙；在打完禪七之後，來受三皈五戒，要比平常更有受用。

諸位之中，有的已受三皈，有的尚未；也有人已受三皈，還未稟受五戒。所以，先得把受三皈五戒的意義及其內容，向諸位說明。

有的人不敢受戒，是怕犯戒；他們以為：「不受戒可保自由，受了戒就不自由了。」那等於是說，受戒後不可以造惡業，不受戒便可以造惡業了。

其實，不論受戒不受戒，做錯了事，便要負責。這是因果。若不受戒，做壞事的可能性較多，若受了戒，就會生起防止犯錯的作用。縱然犯了戒，趕快懺悔，及時回頭，以免愈陷愈深。所以，戒是修習定慧的防護網，是修道生活中的護城河。

受了戒雖會偶爾犯戒，總比不受戒而經常作惡要好。因為受戒，便有持戒的功德；受一戒有一戒的功德、受一天有一天的功德、受一分鐘有一分鐘的功德。犯戒僅對某一時段特定的對象有害；持戒則盡形壽對一切眾生有功德。

在佛法中，三皈五戒，是戒的基礎。先說三皈：佛法僧三寶，是我們修行的依據、人生的指標、生命的歸宿。要想悟入佛性，端靠佛法指引，有一種人希望開悟見性，所以妄稱皈依自性三寶，卻不接受有相的住持三寶。然而，若無有相的住持三寶，何能憑空見到無相的自性三寶？既然希望得到佛法僧三寶的利益，卻又傲慢地不接受三寶，真是矛盾之極的事。

諸位在禪七中依據我的開示，運用禪修的觀念和禪修的方法，都是佛法，用這些佛法去繼續修行。

佛法，是由佛發現的，由僧修持，代代傳承的，故這三寶，是以僧為住持的代表，可尊可貴，因為僧寶傳承佛法，僧人離俗度眾，則又象徵了清淨的出離心和救世的菩提心。

可知，修學佛法，必須認同三寶、接受三寶、皈依三寶。然後跟著的是稟受五戒：

第一，不殺生。主要是不殺人，其次是不故意殺動物。並不一定要求吃素，能素食當然好，萬一不便也無妨。但望不再以殺生來維持自己的生活。

第二，不偷盜。凡是財物，不論是私人的或公共的，明知非分之財，依然不與而取，皆名偷盜。若在無意中占了他人的小便宜，懺悔之後，還復清淨。

第三，不邪淫。不是配偶而發生同床而眠的性行為，名為邪淫，這是為了維護個人的健康、家庭的安定、子女的幸福、社會的和諧。現今有同居而不結婚的男女關係，如果持久穩定單純者，也可不算邪淫。不過這不是戒律的條文，而是衡量現實社會的情況。

第四，不妄語。主要是指未得謂得、未證謂證的大妄語。犯大妄語的人，目的為博取恭敬、供養，但卻造成知見錯亂，以凡濫聖、是非顛倒，因而造成斷人慧命的因果責任。

若是撒謊反而使人得利，則不算說謊，可以是一種方便。但也要十分謹慎，非生命交關，情不得已，不要經常以說謊來達到弘法的目的。

商場人士，常以為做生意就非說謊不可，其實不對。現代的商品展售，都講究信實可靠，何用說謊。

第五，不飲酒。這不是根本重戒，而是外圍的遮戒，是為防範腐蝕前面的四戒而設。因為飲酒過量，便易違犯前四條戒。有人以為飲不及醉沒有關係，但在人多場合喝拼酒，或是獨自一人喝悶酒，小則有損健康，大則可能犯罪。為了防微杜漸，最好還是戒酒。現代社會亦應戒除麻醉藥物。

以上這五戒，都是很容易遵守的。若不能五條全受，也可選擇其中一條乃至四條來受。不接受的，在儀式進行時，就不必跟著我念；能受幾戒就跟隨我複誦幾則。但是，在今天這麼清淨的因緣條件之時不受戒，多麼可惜。切不要怕受戒，犯了戒可以懺悔清淨，如果發現自己實在難守難持之時，也可以當著一人之面宣布說：「我要捨某某戒！」就算捨了，便不算破戒。各位應發心受戒，受了戒，持守一分鐘便有一分鐘的功德，更何況，受戒所引生的防護功能，能使身心容易清淨，容易安定，容易明心見性。何樂而不為呢！

（一九九一年一月二十五日至二月一日主七開示，林其賢、郭惠芯居士整理）

東初禪寺第五十七期禪七

第一天開示

放鬆．方法．不計成果（晨坐）

首先希望大家在這幾天之中，能夠不用耳朵，除了聽師父開示；不用嘴巴，除了吃飯、喝水和請教師父有關你用的禪修方法；不用眼睛，除了走路和工作。眼睛要隨時保持著像在打坐的樣子，而打坐時若眼睛睜開是為了保持清醒，而不是為了要看什麼。

對禪修者，我有三個原則奉告：第一，要放鬆身心；第二，要認定方法；第三，要不計好壞。

打坐時，身體一定要放輕鬆，從頭到手到小腹。心裡不要急躁，經常保持有耐心。打坐時，若有昏沉、散亂，或方法用得不順暢，還是要把身心放輕鬆。否則，緊張的身心只會徒增麻煩，並且浪費了時間。練習放鬆身心的本身就是修行，不是休息。身心放鬆而且內心瞭然確知身心之放鬆，是修行的基礎，是修行的第一步。放鬆身心的要點是先把姿勢坐正，然後要若無其事地安然直坐下去。如果發覺自己在緊張，要能隨時改進。

我們這裡通常用的禪修方法，有三種：第一是數呼吸，第二是念佛號，第三是參話頭。依你們各人的情況，總歸要選擇其中之一來用功。同一個方法，雖然用得不好，用了十年、二十年，還是值得，不要輕易改換。

修行過程的本身，就是目的，修得好固然好，修得不好也不能懊惱；只要確知自己是在依法修行，對修行狀況的好壞與否，都不要心生喜歡或討厭。

從今天早上開始，要求大家在上坐之前先對你的墊子問訊禮拜，那是你的道場。坐下之後，把姿勢坐正，並以坐得全身舒適為準，不一定要盤雙腿，盤單腿也可以，兩腿交叉坐也無妨。確定姿勢已坐端正之後，不要再管你的身體，也不管你鄰座的人，只管用心如何用好你的方法。

第二天開示

數息・參話頭（晨坐）

我們教的東西很多，諸如坐的姿勢、運動、經行、禮拜的動作，以及觀念上和精神上的指導等，都是為了調和身體、收攝妄心。

這裡所教初級打坐用的方法是數息觀。是在自然呼吸時，把注意力放在呼吸的數目上，而不在意呼吸的本身；呼吸的粗、細、深、淺、快、慢，都不要管。呼氣時感覺鼻尖有氣呼出去，就數一個數目，通常只數出息，不數入息。吐氣時不要把肺裡的氣全部吐掉，只要吐百分之六十到八十就好。吸氣時不得吸得太滿，否則身內的氣體會愈來愈多，而產生胸腹悶脹之感。一旦發覺是在控制呼吸或覺得呼吸困難，就要停止數息，只要注意呼吸的一出一入就好，或者暫時不注意呼吸。

所謂控制呼吸，是先數數字，然後再呼吸，呼吸的速度因此會變得或快或慢，很不自然。有少數人無法用數呼吸來修行，他們一注意到呼吸進出之時，就會覺得呼吸困難。遇到這樣的情況，可用計數念阿彌陀佛聖號或計數念觀世音菩薩聖號，做為禪修的初步方法，念一句數一個數字，從一到十，反覆地數下去。到了妄念較少、心情稍安之時，也可以用參話頭的方法，不斷地在像「我是誰？」「什麼是無？」「念佛是誰？」之中的一個話頭上用功。

用話頭時不單是念話頭，還要希望知道那話頭是什麼意思。在用話頭時，很可能常常得到答案，這答案或是自己給它的，或是從書本上看來的，或是從別處聽到的，其實這些都是你頭腦內的妄想雜念，不是正確的答案，任何一個答案出來，你都要告訴自己：「這不是我要的，我還要追問；這不是我要的，我還要追問。」要一次又一次地把已得的答案推撥掉。要繼續不斷地追問、繼續不斷地推撥，才會產生疑情，才會進入疑團，才可能有撥雲見日的悟境現前。

用方法的時候，不要希望很快得到結果，也不要期待把方法用得很好，只要老老實實的把心用在方法上，你就是在修行了。

禪修者要建立對三寶的「信心」，和對自己的「信心」。我們現在學習使用的觀念和方法，是由師父教導的，師父是僧人；僧寶是修行佛法、傳播佛法、傳承佛法、住持佛法的團體。我們是向僧人來學法的，而佛法是由佛陀證悟的、宣說的。沒有佛寶就沒有法寶，沒有僧寶就無人住持佛法和傳承佛法。所以對此三寶的信心，具足之後，才能夠進入禪修的天地。

除了深信三寶，還要相信自己，有禪修的能力，有禪修的善根，有修學佛法的需要和必要。不要小看自己，不可懷疑自己。你要相信，你自己一定應該修行，一定能夠修行，一定是可以修成的人，所以會來參加禪七。若對自己和對三寶生疑，就難以保證你在遇到困境時仍不會放棄修行的努力了。

第三天開示

歡喜心．菩提心（晨坐）

修學佛法要有歡喜心，還要發菩提心。

「人身難得，佛法難聞。」我們不但得到了人身，還聽到了佛法，又有因緣親近善知識，指導自己，如法的修行，這是非常不容易的。

我們這個世界有佛法的地方不多，真正接觸到佛法的人很少，就佛教徒來說，能接觸正信的佛法並如法修行的，更是少之又少。

有些地方的物質條件非常豐富，但是沒有佛法。我們這個地球有五十億人口，美國有兩億二千多萬人口，紐約市有一千萬人口，全美佛教徒總人數是一百七十萬，其中有多少人能聽到佛法？又有多少人能修行佛法呢？像我們的人，實在是少數裡的少數，能有聞法、修法的因緣，實在應該感到非常歡喜。

今天是禪七的第三天，在很多情況下，雖然身體並不是像平時那麼舒適，也不可能有是來受罪的想法，但要告訴自己：能參加禪七是非常難得的，要生起大歡喜心。

學習佛法要發菩提心。發菩提心就是發起修學佛法、成就佛道、廣度眾生、斷除煩惱的弘願。眾生生命的本身就是苦的結果，我們的心，經常不受自己的指揮控制，這是很煩惱很痛苦的事，但是當你想到還有很多眾生跟自己一樣，甚或比自己更煩惱、更痛苦時，我們不忍以自度了事。發菩提心就是要用佛法來度眾生的煩惱痛苦。發菩提心是以利他為目標的。為了利他，自己一定要修學佛法；修習佛法的目的是為成佛，成佛的目的不是為了自己而是為了眾生。學到多少就用多少去濟度眾生。釋迦牟尼佛出家之前就已發了菩提心，他是觀察到眾生的苦難之時，便希望找到一個方法幫助眾生脫離苦難，他才出家的。

因為諸位尚不是佛，來參加禪七，抱有自私的目標，希望從禪七得到些什麼，這不是菩提心，但這也很平常。當自私心轉變成菩提心，才真有力斷除煩惱。在修習佛法的過程中，若不發菩提心，所得利益，非常有限；若發了菩提心，所得利益，便是無限。

解行並重・發菩提心（午齋）

能正確地了解佛法是相當不容易的；聽到佛法、了解佛法，並且有善知識指導如何照著佛法去修行，那就更加不容易了。

佛法分成兩部分：一種是按理論講說的，一種是要身體力行的。僅僅知道理論是不夠的。知道理論而不照著去實踐，即非真的，是解信而不是經驗證信。因為三寶跟你的生命沒有同根連體的感受。諸位在聽到了佛法之後，能用佛法來修行、來體驗，才真的是把佛法跟自己的生命結合在一起，才真的是對自己有用、對眾生有用。否則聽聞或講說佛法，對自己只是一種知識的交流，對別人只是一種消息的傳播。

中國有句成語說：「坐而言不如起而行。」踏實地走一步路，勝過說一百句空洞的漂亮話。知道一句話就照那句話去做，那句話就對你有用。既發覺對你有用，一定要使它對別人也有用，因為學佛的初步，即是發菩提心。我們學佛是要學習佛的觀念、心向、行動，一切要照佛的標準去做，佛有菩提心，我們也要發菩提心。在起步之時，不可能達到佛的標準，所以要一點一滴的學習，日積月累的修行。

第四天開示

忍辱・精進（晨坐）

已是第四天開始，困難應該已經少多了，但也要看諸位的心態如何而定。如果能夠接受修行的事實，並有修行的認識，那便能夠順利，如果心理狀態矛盾，還是會困難重重。今天要提供諸位的兩個觀念，便是忍辱心和精進心。

「忍辱」不是咬緊牙關，而是以平常心接受事實、面對事實。在修行過程中，身心有反應，不論好壞，都是正常的。在不同的情況和不同的環境下，禪修者會發生不同的現象，當思惟如何應對處理。除頭痛、心痛、發冷、發燒，都不是病，能善於處理，你就能夠接受，那才叫作忍辱。

禪七從開始到最後一天，都是苦多樂少而回味無窮，其實，修行人的一生一世都應該是這個樣的。我今年六十三歲，修行的時間已算不短了，經常修習三學增上，享受法喜禪悅，同時也經常接受逆增上緣。面對困難而消化困難，便是修行者的正常生活。

諸位也許聽到過，修行直到成了阿羅漢，照樣會遇到困難，縱然到了快要成佛之時，魔障還會一個接著一個。這表示，在修行的路上一定要有忍辱的準備並要練就忍辱的能力，才能平安地過了一關又一關。如果在禪七中能接受這個觀念，練就這個習慣，到了日常生活中，就沒有一樣事不順利的了。因為你的心是平衡的，所以就沒有一樣事會使你困擾的了。

「精進」的意思是繼續不斷、鍥而不捨。抓著它不放下，咬著它不丟掉，黏著它不離開。禪宗有一位祖師曾經形容，精進用功看話頭時，就像咬著一個滾燙的蜜餡糯米糰子，因為味美，進了嘴就捨不得放口，又因太燙，故無法馬上吞下肚去，糯米糰就隨著舌頭在嘴巴內不斷地滾來動去，不敢疏忽休息，否則便會燙傷了嘴。在那樣的緊要關頭，心念貫注，絕不會散亂。

這個比喻，不是頂好，因為糯米糰終究會涼下來，會被吞下去。真正的精進，是繼續地用方法，好像那糯米糰永遠滾燙，永遠吞不下去一樣。

用方法時，若能覺得這個方法真好，就像蜜餡糯米糰的滋味一樣地美，這時候用起方法來不會緊張，而會有一種享受它、捨不得丟掉它的體會。這樣，你才能真正不斷地精進努力。

「精進」不等於拚命，而是努力不懈。不可像山洪暴瀉，要像細水長流。精進是不急不緩、不斷地用方法。精進不是猛衝直闖，弄到筋疲力盡。如像山洪爆發，則一沖而下，造成水災，過後又會帶來旱魃。若能像長流的細水不斷，對人對己都是有益而無害。

昏沉．散亂（午齋）

到今天下午，禪七已進行到後半階段了。頭上幾天，諸位的雙腿很難適應整天打坐，現在可能腿還會痛，但已能接受這個事實，所以也就不是問題了。不過，仍有人還無法驅除昏沉以及散亂的現象，以致內心有些煩躁。

禪七的頭兩天，昏沉的原因，多半是由於禪七以前的生活步調太緊，弄得身體很累，來到禪七中，需要恢復體力，所以會打瞌睡，如果你們能照我第一天指示的，以像細水長流的原則來修行的話，應該不會有大量消耗體能的情況發生。

若已在用正確的態度，精進用功，依舊瞌睡昏沉，則可能有另外三種原因：1.坐姿不準確，例如垂頸低頭、彎腰弓背，懶洋洋地、有氣無力地呼吸，會導致氧氣不足而引起昏沉的現象。正確的姿勢是將腰挺直而不是把胸挺出，脊椎、頭頸與頭頂，要挺直成一條線；頭的姿勢，不仰不低，下巴收起。若能這樣，就不會發生缺氧的情況了。2.久坐枯坐而未見好境現前，心情發生厭倦。就像母雞孵蛋，一直還是一窩冷蛋，好像根本沒有希望孵出小雞來，所以有些失望。3.對禪修的理念不夠清楚，對禪修的方法沒有信心，對自己的目標捉摸不定，因此產生懈怠，接著便是昏沉。

如果找不出昏沉的原因，就是出於不自覺地懶惰了。這時候最好不要打坐，改用雙膝跪地、兩手合掌、兩眼睜大、平視正前方，繼續用方法。換一換姿勢，會覺得新鮮一點，同時跪在地上幾分鐘之後，膝蓋有點痛感，就能保持頭腦的清醒了。

「昏沉」是心力不濟，「散亂」是心情浮動。散亂之際，方法用不上力，原因很多，可能是心理的因素，也可能是身體的關係。如果散亂而至煩躁到不能打坐的時候，就不要坐了，到禪堂外面經行，也可以到佛前拜佛。經行或拜佛的動作要緩慢，清清楚楚注意身體的動作、過程、觸感，對心念的起落也要了了分明。等到身體的氣脈漸漸舒暢，煩躁的情況自會減輕，這時候又可以打坐了。

第五天開示

攝心・安心（晨坐）

禪修者要練習到隨時都能夠做自己的主人。既不受外面好壞環境影響，也不受內在煩惱起伏困擾。

現在，給諸位介紹兩個名詞：1. 攝心，2. 安心。攝心乃隨處把攀緣的心從外境收回來；安心則隨時把浮動的心用觀照穩下來。

禪七，在日本稱作「攝心」。這有兩層意思：一是收攝起來，二是連接不斷。禪修的基本作用，就是要把向外攀緣的妄想心收回來，使前念心與後念心，念念不斷地用在方法上。如果方法不能用得連貫，妄心不能向內心收攝，那便永遠是個隨波逐流的無主幽魂。

「安心」也有兩層意思：一是把內在浮動的煩惱安定下來，二是無心可安。煩惱安定之時，可得輕安，可得定境；無心可安之時，可得自在，可見佛性，就是發現了無我、無住的無念心。

通常的凡人，都有恐懼、憂慮、悲傷、失望等情緒，都是不能安心的原因。禪修就在於練習著將這些忽起忽落的虛妄心，隨時能用禪修的觀念和禪修的方法，達成攝心、安心的目的。

無心可安即是無我，若知無常即見無我，所以，若用無常觀，也能安心。任何現象，不論在心內或心外，都在剎那生滅，瞬息變化，無非幻起幻滅的虛妄境界，此即無常。不論是非善惡，時過則境遷，無有實法，毋須心隨境轉。若能知道並接受這種無常的觀念，就不會被境風所動，不用安心，心已自安了。

用修行的觀念可以安心，用修行的方法可以安心，而此安心之法，有直接和間接的兩種。

直接的安心法是無心可安。所有的妄想心，都是偷心，只要提起正念、反省、觀照，那個偷心就會消失，就像小偷僅在暗中活動，遇到光明便不敢行動了。

間接的是使用禪修的方法。心在煩亂不安之時，趕快用方法：數息、念佛、參話頭等，把不安的心，轉移到方法上，久而久之，也能發現無心可安的境界。

心在浮動的時候，要提起正念，要使用方法，就像空中飄動的柳絮，只要遇到任何可以依附黏著之物，就黏貼了上去，浮動的心也就安下來了。

方法・原則・觀念（午齋）

禪修不能天真，必須切乎實際，要實學、實修、實用。不要急著開悟，不可等待開悟，首先把心安定下來最要緊。心若隨時隨處，都能不受外境的影響，才是最重要的。我們的心，若能不被外境影響，也不擾亂別人，就是已在享受法喜及禪悅了。

今天早上，講了兩個名詞：攝心與安心。

關於攝心和安心，在佛經裡有個比喻說是「守護六根，如龜藏六」。守護我們的眼、耳、鼻、舌、身、意的六根，不要被境界影響和打擾，要學得像烏龜那樣，遇險時，把頭、尾、四隻腳，藏在殼裡，才能保護自己，不受傷害。

禪七第一天，我就要求大眾，在禪七裡不用眼、耳、鼻、舌、身、意等六根，便不會產生妄想。內六根緣外六塵，生起六識的妄心。若將外緣的妄心，攝歸不動的自性，便是安心。

打坐時，念念不離心所繫緣的，就是禪修的方法。放鬆身心、認定方法、不計成敗，都是禪修的原則。無常、無我、無念、無住、無相、無得等，都是禪修的觀念。請將此「方法」、「原則」、「觀念」，牢牢記住，不斷練習。

這些都非常簡單，也極深奧。若不修習，便不知其何以深奧？若不實修，便不明其簡單何在。不是因為簡單，所以很快就學得會，反而是愈簡單的事愈難登其堂奧。

第六天開示

別計較‧要發願（晨坐）

今天是禪七的最後一天，也是最重要的一天。要像參加千米或百米賽跑一樣，到離終點只差十米時，總要衝刺一番。

禪修中切忌思前想後，比來比去，諸位不要跟禪七以前的你比好壞，不要跟禪七中其他的人比高低。一比較就會產生兩種結果：比得更好，會產生驕傲心；比得不好，就會失去自信心。最可靠、安全、要緊的，是讓自己確確實實地努力於現在的方法。在禪七中如此，在日常生活裡也當如此。

禪修者不要怕失敗，走過失敗，就是得到一種經驗。人在一生中每件事情都做成功，是不可能的事，把每件事都做失敗，倒有可能。如果你覺得這次的禪七修行，到現在為止都是失敗的，那麼你在剩下的最後一天，也將是失敗定了。如果你能不管好壞，只要把握眼前的一念心，珍惜眼前的一秒鐘，也就念念都在用功，時時都是良辰了。

我們的身心不受控制，夢想很難成真，然對於禪修者而言，若肯痛下決心，發弘誓願，便能有願必成了。常常發願，便可時時提起願心，逐步走向目標，發了弘願，雖然不能立即如願，若是抱著能做多少就做多少的心態，便會日積月累，水到渠成。對於初發心的禪修者來說，乍看之下，發願似乎沒有什麼用處，但發願確能使禪修者朝向既定的目標前進。發願就有了依歸的方向，雖不是立即到家，確已老家在望。

發願，可大可小，必將成佛是大願，必能安心是小願。你在坐上蒲團之後，要對自己發願：「心若不安不起此座。」雖是小願，恰與成佛的大願相應。若能每次發願，便能堅定意志，落實信心，每次落坐都會坐得很久很好。

感恩．報恩．熏修（午齋）

禪七開始那天，大家還不習慣，所以不易感到心在禪修。到了第六天，有人就可能已在開始計畫禪七結束以後的事了。如果真是那樣，那就可憐極了。禪七中若不能將心放在禪堂修行，離開禪七道場之後，你們的心就要經常生活於塵勞翻滾之中，很難安寧了，所以要珍惜剩下的最後一天。不管前面的五天，是怎麼過的，或好或壞，反正已成過去，是好別得意，是壞勿氣餒。盡力把握僅剩的光陰，便等於擔起了如來的家業。

禪修者，既然要有難遭遇想，也當要有感恩之心。事實則不然，1.通常的人總認為自己付出的要比得到的多，很難體會到別人對自己也幫了不少忙。2.有的人得到別人的幫助之後，卻不會想要感謝，甚至認為即使他不幫忙也有其他的人會幫忙，縱然無人相助，也不至於沒有辦法。3.有的是在受到幫助時，會在禮貌上表示感謝，不過，話是講給對方聽的，跟自己的心沒有關係。以上三種態度，都不是學佛禪修者所應有的。這都是驕傲、自私和虛偽的表現，與感恩之心不相應。

禪修者們受人粒米滴水之施，也當感恩圖報，而且要有實際上的回饋，不是說句謝謝就算了。不過，回報不易，就像要使水往上流、火向下燒那樣的困難。因此，報恩的方法，不一定要直接的回饋，禪修者若能時時看住妄想心，使它更正常、更平衡，不煩於己、不惱於人，進而有利於己、有益於人，那也算是回報。

這種回報的方式，要靠修行觀照才做得到。「觀」是觀我們正在做什麼，「照」是很清楚地知道我們在做什麼。如能修習觀照，便會發現自己常常講錯話、做錯事、動錯念頭。

禪修者在觀照中，發覺了自己的身、口、意三業有缺點時，則當以慚愧心糾正自己。

嘗聽禪者們說：「寧可在叢林裡睡覺，不要在小廟裡辦道。」因為住在大海般的叢林寺院裡，雖只是跟著大眾，光知睡覺，也有規則，該睡即睡、該起即起；縱然當大眾在禪堂打坐時，他也一味地昏睡，但他至少也是跟著大家一起坐在那裡，總比一個人在小廟裡，做著沒有定時、定規、定法的修行來得好。因此，諸位善知識，能來參加禪七，跟很多人一起共修，於作息時間、生活方式、修行觀念、修行方法，都在熏習再熏習，即使自己沒有修行，總該也被熏到一些禪修的味道。正像自己雖不抽菸，若在供人抽菸的房間內停留久了，也會被熏得滿身菸味的了。

（一九九二年六月二十七日至七月二日主七開示，鄭素珠居士整理）

東初禪寺第五十八期禪七

第一天開示

心理準備（晨坐）

這是第一個早上，有些人可能沒有睡好覺，但是不要擔心。諸位要有心理準備：頭一、兩天乃至第三天，你的腿、背、身體，會覺得累、痛、麻、痠。但也有人從第一天起，就習慣了；也有人頭一天感受滿好，到了第二天就可能覺得已下了地獄。多半的人，則如倒吃甘蔗，愈往後愈有味道。

放下過去與未來

禪修中，要學著把自己的過去、未來暫時擺下。你要告訴自己「我打完禪七再說」。頭腦裡邊要不斷地注意方法。也就是說，你的身體在禪堂，你的心也在禪堂，不想過去，不想未來；到後來，即使現在的一念，也能放下之時，才算真工夫。

放下妄念

如果知道有妄念，是正常的，只要不跟妄念走，就可以了。在你發現妄念時，妄念已經不在了。所以，不用擔心有妄念，不要後悔有妄念。

放鬆身心

如何使自己的身體放鬆，頭腦放鬆？只要不管身體在感覺什麼，頭腦在想著什麼，只管將身體交給蒲團，把心交給方法，就好了。如能這樣，則一炷香又一炷香的，將會過得非常之快。否則的話，你就會有苦頭吃了。

不求利益與目標

諸位來參加禪七，應該是有目標，並且希望得到利益的。但是，你能進入禪七，這就是你的目標和利益；不得老在指望目標、期待利益，否則，你會更加緊張不舒服。這就好像你們做工，是為了賺錢，為了得到鐘點費，但是，錢是你做完工之後，老闆才給的。如果，你一面工作，一面老想著：「奇怪，錢怎麼還沒到手？」你就無法把工作做好，工錢大概也拿不到了。

坐下之後，確定坐的姿勢是不是很舒服，然後，把身體落實於墊子，念頭安住於方法，就不要再動了。每一炷香三十分鐘。但請不要看手表，不要希望三十分趕快到。時間到了，自然有人會打引磬，請你出定。

修行四原則（午齋）

禪修者要有四個生活的原則：1.整齊，2.清潔，3.寧靜，4.和諧。

在禪堂、寢室、齋堂乃至浴廁，任何一個地方，經常保持「整齊」、「清潔」。

在禪七中，首先要練習把自己的生活照顧好。照顧自己住的地方、睡的地方和坐的地方。然後，你一定會把你的家庭環境及工作的地方照顧好。不會照顧自己而說照顧他人，一定是自害害人。

在禪堂，每次打完坐，站起來以前，要把蓋腿的毛巾摺好；站起來以後，把毛巾和墊子都擺整齊。穿的衣服和隨身戴的東西，包括眼鏡和手表，打坐時不要放在坐墊前邊或後面，要放在你和旁邊另一個人墊子的中間。因為，放在身前身後都會妨礙自己也障礙他人。當你經過任何地方，若看到紙屑等垃圾，要隨手撿起來，丟到垃圾筒。

在齋堂用餐，餐桌上，盤子、碗、筷子和刀叉等都擺在距離桌沿三橫指的地方。把碗放在盤子上，水果皮和用過的餐巾紙放在碗裡；把湯匙和刀叉放在碗的右邊盤子上。吃完東西，要先用一點水，把碗、盤的食物屑洗一下，然後把水喝了，才算這一餐吃完了。

餐巾紙有兩種用處：1. 擦嘴，2. 清潔座位前的桌面。餐後，桌面要保持乾淨，連一滴水也沒有。如果，桌上有食物屑，假如不髒，就把它吃了，如果髒，就把它和果皮一起放在碗裡。要讓你前面的桌面，保持非常乾淨，就像沒用過一樣。

若能照顧到環境的整齊清潔，才能照顧到你的心。要得心的清淨，並不容易，但在耐心地把環境照顧得整潔之後，心也比較能夠清淨與平靜了。

所謂「寧靜」是指：1.口不講話，2.身不粗暴。不論任何動作，都要安詳寧靜。口不出聲；身體的行動也盡量輕巧、輕聲。數十人乃至數千人在一起行動，也要鴉雀無聲，如處於無人之境。

所謂「和諧」，有兩個層面：1.是自我內心的和諧，自己的前念不要跟後念衝突。2.跟外境接觸的和諧，與任何相對的人、事、物之間，不要敵對相抗，而要溝通協調。

禪修者，要先把自己做好，對內不起矛盾，對外定能和諧，如果時時抱怨環境指摘他人，一定是內心失衡，所以古德要說：「靜坐常思己過，閒談莫論他非。」敵對互鬥不是辦法，疏導化解才是良方。

對治瞌睡

飽餐之後，通常容易瞌睡。所以，這次禪七中午餐後工作完了，可以躺下休息二十分鐘左右。

若是午睡後，還有昏沉，請用三種方法對治：1.請求打香板；2.把眼睛睜大；3.跪在硬地板上，兩手合掌。如果並不是因為身體累，而是自己懶，跪是有用的。如果是懶，則將腰椎挺直；如果腰不挺直，呼吸不暢，將會氧氣不足，以致頭腦昏沉。

如何數息

數息是數平常自然的呼吸，不一定要注意呼吸的長短，也不一定要注意小腹。有人注意小腹蠕動的感覺，但不得用心意去控制它。這種方法即使用久了，只有靜坐的舒服感、穩定感，卻不能使人放下四大五蘊的假我。而且注意小腹，不易覺察妄念，若數呼吸，則可知道妄念出沒。

數息通常是數出息，每呼一口氣，數一個數目，從「一」數到「十」。但是也有人數入息，那是看個人呼吸習慣。一般人呼氣長，吸氣短，但也有些人習慣吸的時候慢，呼的時候快。我們要數慢的，出息慢就數出息，入息慢就數入息。

數呼吸時，發現妄念不管它，馬上回到方法最重要。如果你根本不可能數到「十」，有時數過頭，這種情形，倒數比較好。倒數能讓你有更多的工作做，注意力便比較能夠集中了。從「二十」數雙數，一直數到「二」，再從「十九」數單數，一直數到「一」。這樣子，妄念就會漸漸減少。

第二天開示

禪是定慧相應（晨坐）

禪法的修行，必須具備三個條件：

（一）身體在日常生活中的行為，要做到整齊、清潔、寧靜、和諧。實際上，這與「戒」的精神相應。

（二）用禪修的方法，攝心安心。《六祖壇經》說「即定即慧」，離心無定亦無慧。攝心安心的方法，便是用來得禪定開智慧的工具。

（三）重視無相的智慧。世間定不離煩惱，世間慧未得解脫，禪法的定出離煩惱，禪法的慧即證解脫。離煩惱證解脫，是一體的兩名，所以定慧相應，即一即二，不二不一。禪的智慧是什麼呢？明察諸行無常，所以實證諸法無我。禪修生活中，若觀身體動作，即見無常，若觀念頭起滅，亦無常。身心無常，即知無我，即證空性。此乃由觀生慧，而知身心世界，皆非永恆。所以無我的智慧，是出於離煩惱的大定。

中國禪宗所講的定，並不是心中沒有念頭。但在經驗上和觀念上，都知道念頭是無常無我的，本身沒有永恆相，故能不住於相，如如不動。常人心隨境動，念隨相轉，禪悟者心不隨境轉亦不為相動，但卻仍能「無住而生其心」，不住分別煩惱相，但有清淨智慧心，應對萬物，適如其分，那便是定慧相應的悟者心境。

很多人認為頓悟是突然發生的，這沒有錯。若無預備的工夫，要產生頓悟，也不容易。若無實修的工夫，空想頓悟的成果，那是過分天真的想法。

以智慧用方法（早齋）

禪修須用方法，用方法必須要有智慧。否則，不落於盲修瞎練，便落於邪知邪見。

「智慧」是什麼呢？在佛法中，有世間智、出世間智，以及諸佛的一切種智，對於上上乘的禪者而言，當然是無漏無相的佛智。故在沒有開悟的禪者，是用佛的智慧，以及祖師們的開示來指導我們，禪修的原則和禪修的方法。當選用禪修方法時，需要依據佛言祖語為準則。把佛言祖語的經教開示，當作龜鑑，也就是借用諸佛菩薩及歷代祖師的智慧，將修行的方法，用得非常安全可靠，並可因此檢點自我，化解問題。

練習的觀念

禪修者學到的方法，不管是跟老師學的，或者是自己從書本上看到的，都只是個原則，用了以後，還要揣摩如何把它用到最好的程度。有一些問題，你可請教高明的老師，如果老師也幫不上忙的時候，只有你自己才能調整心態，揣摩方法了。

英語的打坐叫作 practice，就是練習，從生疏練到熟悉。並不是樣樣都要靠老師來告訴你。開始練習的時候，你的方法不會很純熟，等到練習久了，依據前人的智慧，加上自己的練習，就能純熟自如，得心應手了。

對治散亂（午齋）

師父只能給你消息和方向，至於用功解決問題，還是要靠各人自己。

禪修過程中，最難克服的兩樣事，即是昏沉和散亂。昨天已講過如何對治昏沉。

至於「散亂」，原則上是相同的。如果非常散亂，暫時把頭腦和身體放鬆，不用方法，休息一下。

散亂的原因也有很多種類：1.不會用方法。2.方法用累了。身體並沒有疲倦，可是對那個方法已厭倦。3.是懶散，因為不覺得有煩惱，並且滿舒服的，就讓雜念頭一個接一個地幻起幻滅。

對治之方法是「不怕念起，只愁覺遲」。如在發覺散亂時，那已離開了散亂，立即回到方法去，便是正念分明。不用擔心散亂，提起方法來就好。

方法三要訣——觀、照、提

「觀」、「照」、「提」三字訣，可以對治昏沉與散亂。

「觀」是正在用方法。

「照」是知道自己正在用方法。

「提」是發覺自己失去了方法時，趕快再把方法提起來。

當用「觀」的工夫時，同時也要不離「照」的工夫；「觀」如走路，「照」如知道自己正在走著正路，沒有失去正確方向；「提」如不小心停下了腳步（昏沉），或者走錯了叉路迷失了方向（散亂），發覺之時，立即修正方向，走上正路。

不論用何種方法，均可運用觀、照、提三字訣，若用參話頭，功效更顯著。

第三天開示

心向內看（晨坐）

「心向內看」就是「照」的意思，隨時知道自己的念頭在做什麼：1.用方法，2.打妄想，3.不明朗。如能對這三種情況瞭如指掌，就可算是已在禪修。

若能不注意身體而注意心念，不注意外境而注意念頭的活動，你就會很快得到忘了時空的經驗。當你注意內在的念頭，念頭就會少，時間就會短，空間就會大，身心的負擔也就輕了。

如果你是數息，一面數（觀），而且很清楚自己在數（照）。你自己要不斷地有意無意的「意識」到，你不能離開數息（提）。如果是參話頭或用其他方法也可比照著做。

很清楚地知道自己在做什麼，就好像是你自己看到另外一個人在做什麼；或者是另外一個人在看自己做什麼。這個時候，你的頭腦保持清楚，但不是緊張；抱住方法，但不是拚命。一般不會用功的人，用功之時，是用很大的體力和心力來控制自己。

快・慢・好・壞（早齋）

禪修時如果沒有放鬆身心，在坐了一、二炷香以後，便會覺得好累。放鬆不是懈怠，還是要以綿密的意志力來用方法。

在用方法時，你會覺得好像沒進步；或者方法用得很熟，也像沒有產生什麼結果。這就好像長程開車，由於公路兩邊的景致是相同的，因而並不覺得在前進。有一次，我在美國中西部乘車旅行，感覺上車子開得很慢，再看車速表，原來好快喔！為什麼會那樣呢？因為高速路面兩邊景色相似，所以雖開快車，還是覺得好慢。

打坐的過程中，如果用方法用得滿好時，你可能覺得無聊，就不想繼續打坐；若覺得興奮，就已經離開了方法。

第四天開示

但念無常．努力用功（晨坐）

記得童年時代，時間過得很慢，增加一歲，總要等待好久。但一過中年，就是二十年，也似乎很快地過了，我今年虛度六十三歲，過得愈來愈快。佛說「無常」，祖云「迅速」。若不學佛，不知「無常」；若不修行，不解「迅速」。

釋迦牟尼佛在鹿苑開始說法，就告訴弟子們「無常」的觀念。到他涅槃之時，也告訴弟子們「有生必有滅」。生滅無常乃是世間相，「生滅滅已」才是解脫境。若不實修、實證，永遠難逃無常殺鬼的魔網。

禪七期中，每天晚課唱誦的〈普賢警眾偈〉，有云「是日已過，命亦隨滅」；「但念無常，慎勿放逸」。這是告訴我們，生命太短了，時間太快了，如果不能珍惜時間，好好努力，就要沒機會了。如能警惕到「生命無常」、「時間短促」，就不會把寶貴的生命，浪費在人我是非、利害得失等煩惱之中了。平常時若能提起無常，並且真正感受到無常，將會努力地來做有益於自己和別人的事。禪修中，每當念頭生起時，若能警惕到生命無常，便會轉雜亂妄想為正念的方法。

本期禪七中，有幾位禪修者的禪修年資，已達二十多載，真是難能可貴，二十多年尚未退心，其中必有原因。但是他們在這二十多年之間，是否天天修行，那就大有問題了。頂多在某些寺院道場住過若干時段，頂多一年打一、兩次或三、四次禪七。在日常生活中，每天頂多坐一炷香。其他的時間，都在忙著生活、家屬、事業，忙著妄想、煩惱、無聊之中過去了，這怎能算是已經修行二十多年了呢？

就算在禪七裡邊，雖然從早到晚都在禪堂，可是，請你清點一下，妄想昏沉的時間占了多少？夜間睡眠用了多久？全心用功的時間到底有多少？如果你能體認到修行的時間真的不多，你就一定會精進不懈了。

所以，請諸位每次打坐以前，要向自己的墊子頂禮。一拜或三拜，同時發願：「願我把所有時間都用在方法上。」坐下以後，再發一個願：「這次坐下去，不是等待著敲引磬放腿，而要把我全部生命放在我的方法上。」

禪修與意志（早齋）

要將「無常」的體驗，跟生命結合，的確很難，但可以在日常生活中時時提醒自己：我正活在無常之中，我即是無常的本身。若要將此警覺，持之以恆，須靠意志的力量。

曾有一位年輕人來參加禪修並且發心出家，結果由於修行不得力，出家很煩惱，就認為自己的準備工夫還不夠，所以又放棄禪修，回家去了。其實，佛說「制心一處，無事不辦」。也可解釋為只要意志堅定，任何難事都可辦成。意志力薄弱的人，對他們要做的任何事，都沒有堅持做下去的決心。

學佛成佛是多生多劫的事，出家不是演戲，禪修不是時髦，乃為終身以赴的弘願，豈容淺嘗即止，半途而廢？要在大風大浪冰天雪地中長途跋涉歷練之後，始能透露出靈山的一線光芒。若有心理準備，便有堅強的意志；若已知路途多艱險，遇到艱險乃為預料中事，便不會被艱險的情況阻止了前進的努力。

我有一個弟子，並不特別聰明；只因他做任何事，都能全力以赴，所以學任何東西，雖不比其他的人學得更好，但他不會放棄，他有「要學就把它學會，要做就把它做完」的意志力，這是他的長處。禪修者，更當付出類此的意志力，方能大有所成。

第五天開示

懺悔（晨坐）

《六祖壇經》雖云禪者宜修「無相懺悔」。對初發心的禪者，仍宜從有相開始。如果開始修行，就講無相，那就不需要有禪修的名稱和禪修的方便了。實際上，當我們還有我執的階段，必須要用「有相」的懺悔方法來修行，達到實證空性之時，自然即是「無相」的境界。

慚愧與懺悔

懺悔和慚愧都是反省的作用，慚愧是發覺自己的錯誤；懺悔是在承認自己的過失之後，願意承擔責任，並著手修正改進自己的錯誤。所以，懺悔的行動，要從慚愧心生起之後開始。

慚愧是反省自己的身、口、意三種行為，從注意自己行為，進而了解自己行為，然後反省自己行為，結果是改善修正自己的行為，便是慚愧與懺悔的功能。一次又一次地起慚愧、修懺悔之後，身、口、意的三種行為，便會愈來愈清淨，那也正是離煩惱證智慧的禪修目標。

可見有相懺悔是禪修的輔助方法，無相懺悔是禪修的最高目的。初學禪者，想要解脫煩惱，必須從反省及懺悔的工夫做起。

慚愧心與懺悔心之間有不可分割的關係，有真慚愧必也能真懺悔。沒有慚愧心不會有懺悔心。同樣地，若無慚愧心與懺悔心，禪修就不易得力。為什麼？因為自私、自慢的自我心重，便不能得無我的空慧，也無從獲得解脫。要從自私的我相，獲得解脫，才能實證無相。

什麼是自私的我相？貪、瞋、驕慢、自卑、嫉妒等全是。自私的自我相，須用慚愧心及懺悔行來清理，否則的話，縱然勤修禪坐，也很難開悟。

自我障礙（早齋）

早上我們講慚愧。如果慚愧心不容易產生，懺悔就得不到；懺悔做不到，業障就不能消，修行也不得力。禪修不得力，原因很多，且舉三種：

（一）沒有很好的老師。

（二）有老師，但你不知要親近他。

（三）有老師，但他不知道你有什麼問題，無從幫助你。

這三種原因，看起來似乎有一半以上是沒有好的老師，其實，都是出於自我的障礙。

石中的璞玉，固然須待明眼的巧匠，才能成器，如果本是頑石一塊，縱遇巧匠，也是徒然。禪修者本身的身心狀況以及善根福德的條件，便能決定他的際遇。如果具備了學法的基礎、求法的熱忱、弘法的悲願，即使遇不到一流的老師指點，也能瓜熟蒂落，一觸即悟，剩下的僅是求得一位過來人的印證。故在明師與高徒之間，並不需要耳提面命的關係，只有對於質地較差的弟子，才用得著細心的教導；特別需要老師長期照顧的學生，也得要有謙恭、誠信、精勤的條件，才能獲得老師的傾囊相授，就像黃口的乳燕在巢，當母燕回來餵食之時，乳燕若不知自動張嘴，母燕便愛莫能助了。

因此，對於一個業障很少的學生，老師不需要花太多心力與時間的，只需老師簡單的幾句話，就可以幫上大忙。老師就像握有金庫大門的鎖匙，只需交一把鎖匙給學生，就等於給了全部的金庫，學生獲益之後，他會感激不盡，認為這是來自老師的教導。相反地，有的學生要花老師很多的時間和心力去幫他，結果學生所得仍是很少，甚至還罵老師藏私，沒有好好教導，其實這都是他自己的問題，不能怪老師。

障礙是什麼？

障礙，雖跟宿世的果報有關，但也不是不能改變的，例如多疑、自慢、驕傲、自卑、貪欲、瞋恚、邪見等心障，對於禪修者而言，應該已是耳熟能詳的名詞，只要願意經常反觀自省，便可逐日改善，心障逐日減輕，用功也就可以得力了。

這些心障，即是煩惱，即是自我膨脹、自我保護、自我炫耀、自我陶醉、自我菲薄的自我中心，若能有為法忘己，捨己求法的心願，心障便會不成障礙了。

除障的最好方法，便是慚愧與懺悔、發願與精勤。慚愧心能夠產生懺悔心，懺悔心可以修正我們自己，自己的觀念一改變，業障就會減輕，加上求法弘法的悲願，學法修法的精勤，便會遇到好的老師，老師也容易來指導你。用功得到竅門，進步就快了，到這地步，障礙可能還有，但已不會阻擋你了。

四種禮拜（上午禪堂）

現在，介紹四種禮拜的方法：

（一）感應禮拜。希望用禮拜求得佛菩薩或護法神的感應。例如求健康長壽、家庭和諧、官運亨通、財源滾滾、子女聰明、子孫繁榮、出門平安、萬事如意等。

（二）恭敬禮拜。對三寶恭敬，或為感恩，或為崇信，這種禮拜是從行為者內心自發產生的，對於受拜的對象沒有一定的受授關係，他不會因你禮拜而多了什麼或得到什麼，得到利益的乃是行為者自己。

（三）懺悔禮拜。也就是從慚愧而懺悔。如果是一個非常驕傲、我慢心很重的人，不容易向任何人低頭，更不容易叫他趴在地下禮拜。

能做懺悔禮拜的人，必定已是謙虛，或者正在學著謙虛的人。因此，懺悔禮拜可以提昇人的人格，改變人的氣質，使人變為誠實、溫和、謙沖。

有錯誤能夠承認，真誠懺悔，就相當於衣服髒了，用肥皂水洗了再穿，髒了再洗，那衣服還是保持乾淨。如果根本不洗，那衣服永遠是髒了，還以為它本來就是這個樣子。凡夫犯錯，是正常，自己認錯，是美德。人非聖賢，豈能無過，聞過則喜，知過即改，便是賢者，也是禪者的心行。

（四）無相禮拜。無相須從有相開始。觀身、受、心、法的四念住，觀四大、五蘊的和合身心，若能觀成不淨、苦、無常、無我，那就是實證無相。無相懺為什麼要從有相開始？因為凡夫的心，不可能一下子就變成無我、無相，一定要從有我慢慢體會到什麼是無我。

無相禮拜的層次

無相的禮拜，有三個階段：

（一）知道自己在拜，而指揮自己禮拜。拜的時候，全身任何一個部分的動作和感覺，都清清楚楚。在這個情況下，你的心一定要很細，很有耐心。

（二）知道自己在拜，感覺到自己在拜，但是不需要用心指揮。而你看得清楚你的身體在禮拜。這時候你不用想：「我在拜。」因為你已經不再指揮他了。你是個旁觀者，知道有人在拜就好。

（三）你自己在拜，人家也看到你在拜，非常正確地在動作，可是你自己已經沒想到自己在拜，也沒有想到有一個人在禮拜。這時已進入到與無相相應的階段。但尚不是開悟，是你的心已經非常寧靜、穩定，不受內外境界所感染。

正在這時，如果機緣成熟，驚天動地的悟境，就可能突然在你的面前出現。

自省與自信（午齋）

慚愧、懺悔，就是要自己看自己的過失和弱點，發現的愈多，信心愈強。知過而改，善莫大焉，就是不能立即全改，自己也會建立信心，此即有了自知之明。若不自省自知，易流於輕舉妄動，不斷地遭受挫敗，便會對自己喪失信心。所以禪修者當從不斷地自省中建立堅固的信心。

禪修者要時時向內觀照，覺察到妄念紛飛，便是用功；覺察到煩惱起伏，便是修行。如果得少為足自以為是已入聖域，倒是危險的情況了。如果老是想著自己的好處而沾沾自喜，那會變成傲慢，是煩惱而不是智慧。禪者察覺到自己的缺失，並不會變成自卑，有了改過修正的決心，便是回頭的浪子、棄刀的屠夫。

第六天開示

發菩提心（晨坐）

禪修者無不希望早日開悟，開悟即有智慧，得智慧便能從煩惱得解脫，擺下自我執著之時就會開悟。擺下貪、瞋、癡、慢、疑等煩惱心時，便是捨我執而見佛性。空去煩惱的我執，便能明心見性。去我執的初步，必須發菩提心，菩提心即是佛心，佛心的內容有兩部分：1.智慧斷煩惱，2.慈悲度眾生。禪修者若僅求智慧，不管慈悲，乃是小乘行，必須悲智雙修，始為佛道。禪者悟後固然利益眾生，悟前也要發願利生，始能真的明白心中的佛心，見自心中的佛性，度自心中的眾生。

發菩提心是希望得「阿耨多羅三藐三菩提」的無上正等正覺心。如何能得無上的菩提果位？先要有成佛的因行，那就是要行菩薩道。菩薩道的考量是只為利益眾生，不為利益自己。把自私的我，變成慈悲的我，才與無我無私的解脫慧相應。

歷史上的釋迦牟尼佛之所以能成佛，乃是看到眾生都有生、老、病、死的苦難，弱肉強食的可憐。為了尋求解救苦難的方法，他便出家學道、修道，而成道。這就是先有慈悲再有智慧的例子。

我們的禪七中，每天至少念四次一共四句的〈四弘誓願〉文。第一句「眾生無邊誓願度」，第四句「佛道無上誓願成」。這表示度眾生是第一件事，成佛是最後的事。

諸位禪者若想開悟，禪修的打坐工夫，當然要緊，發菩提心則更要緊。如果不發菩提心，縱然坐破一百打蒲團，也等於守株待兔，不得親見未出娘胎前的本來面目。

誰能開悟（早齋）

禪宗的明心見性、頓悟成佛、不立文字、直指人心，相當令人嚮往，也常被人誤會。許多人僅看了幾則禪宗公案，讀了若干祖師語錄，便設想著開悟見性，人人有分。其實，一切眾生本具佛性，一切眾生均有成佛的可能，固是大乘佛法的通說，而真能達成頓悟成佛的目的者，禪宗史上尚不多見，開悟弟子最多的馬祖道一禪師，門下也只一百三十九位成為能坐道場的入室弟子。

在中國禪宗史書上有記錄的，開悟者是可以數得出來的，修行禪法的人數則是無法計算的。故在正確的禪修觀念，開悟當然重要，就是不能開悟，也能得大利益。

一般人誤認為禪的修行，一定要開悟才有利益，故在未開悟時，躲入山林潛修，要求他人成就；等他開悟以後，才來普度眾生。有了這樣的誤解，便使得禪修者變成了自私鬼。正因為自私心重，更不容易開悟，也就不願來做弘法利生的工作。像這樣的禪修者，不僅是佛教法門的累贅，也是人間社會的負擔。中國佛教的衰微，原因很多，禪者的自私，不能不說也是主要的原因。

多久開悟（午齋）

開悟沒有一定的時間表。同樣是一個人，有的一個小時可以做出常人兩天的工作；也有人在兩天之中做不了能幹者一個小時的工作。有的人一句話可以救千萬人，但也有的人，一輩子救不來一個人。所以無法用時間來計算修行的旅程，要看修行過程中的勤惰情況和業障的多少等因素來決定。

業障何在

業障是什麼呢？

（一）是我們從無始以來，將無量生中所造的種種業緣，帶到了現在，使得自己無法自在，故名業障。它是跟著我們的現前一念心跑的，一個接一個的心念連續，業障也如影隨形般地跟著來了。我們的果報身體到哪裡，業障就跟到哪裡。

（二）業障是在這一生當中，心理和身體的行為，所構成的事實，障礙我們修行佛法。很多人希望修行佛法，可是身不由己，心不由己，環境的因緣也不許可。

（三）業障跟人的年齡、身分、貧富、性別，多少有點關係，但卻未必定有關聯。有人出家始能修行禪法，有人做官也能修得不錯。

障礙不在心外的環境，乃是出於各自的內心，外在環境的障礙雖然不好，內在的心障才更嚴重。如果有了慚愧心，到處可做大修行；如果發了菩提心，時時好修菩薩道。

日間禪堂開示

默照禪

有人使用「只管打坐」的方法，但是對此方法不了解、不會用，就會變成「冷水泡石頭」，或者是躲在黑山鬼窟裡做無事夢。

這似烏龜在古井中被埋了幾百年，甚至幾千年，沒有吃喝，動彈不得，一旦被挖出土來，依舊活著，只不過龜還是龜，並沒有因為埋了千年而化成鳳凰。可知被埋的龜，並未修行，「只管打坐」也不是「沒有事做」。初用此法，是專注於坐禪的身姿，然後專注於坐禪的心態，心中並非無事，而是如藥山惟儼所說：「思量個不思量底。」

「默照」禪的用功方法，正如宏智正覺的〈默照銘〉說：「默默忘言，昭昭現前」，「默唯至言，照唯普應」，「照中失默，便見侵凌」，「默中失照，渾成剩法」。其實默照的功用，就同《六祖壇經》中所說「即慧之時定在慧，即定之時慧在定」。默是定，照是慧。定慧不二，便是默照。

經典中有「如龜藏六」的比喻，那是「都攝六根」的意思，並不是無所用心。因為經云：「妄認四大為自身相，六塵緣影為自心相。」內六根緣外六塵，生六識的妄想心，如果把六根從六塵收攝回來，妄心也就無緣可攀了。此正是禪修用的好方法。但也並不等於廢除六根的作用，譬如說，眼看美色，不起貪心，見惡色不起瞋心，諸根對境而不起妄念。不因為六根和六塵相接觸而起執著、分別、煩惱。這便是默照工夫用於日常生活中的情況。

「默」是不受影響，「照」是清楚了知。絕對不是不用六根、無所用心。

疑情

疑情不是懷疑，乃是確信某一問題，是跟自己性命相關的，是對自己有大用大益的，只是不知道其原因何在？其內容如何？所以抱住不放，一直參問下去：「那是什麼？我立即要知道，我一定要知道，我不能不知道，那究竟是什麼？」這便是疑情。

假如參的是「無」字公案而問「什麼是無」，便可用個比喻來解釋「疑情」的意思：好像拿到一個堅固無比的鐵球，它沒有開口處，你根本不知從哪裡開啟。人家說這裡邊有一個「無」，它對任何人都極重要，誰能打開它，誰就能得終身的平安，永恆的富貴，絕對的自在，一切的方便，隨心所欲，享受不盡。相反地，如果得不到它，就將大禍臨頭，死路一條。你還能不想急著把這裝著「無」的鐵球設法打開嗎？因你無人可以請教，如何打開這個鐵球，只得不斷地追問：「無是什麼？」「如何打開鐵球？」「什麼是那球內的無呢？」明知鐵球是打不開的，明知也沒有「無」那樣東西，但它對自己確有大用，所以要抱住這個「無」字，夜以繼日，想到就問，不斷地問，這便是疑情。

有一天，你在突然間，發覺這個鐵球本身，就是毫無意味的一個「無」，打開與不打開，都是一樣，疑情消失時，你也開悟了。

這裡有個問題：如果開頭就曉得，反正是無，丟掉算了。因為不起疑情，那就不能開悟，由此可知，疑情的功能，在於促成開悟契機。

一句話頭參到底

古來的祖師教人抱住一個本參話頭，終身參究，悟前參它，悟後參它。時時提起，參問再參問，一直參下去。終其一生，不改本參話頭，可以參脫煩惱網，也能參破生死關；一句話頭平安無事，一句話頭纖塵不染。隨時隨處都能提起話頭，照顧話頭，故又名為「看話頭」。

究問話頭稱作參話頭，而信口重複是念話頭，參話頭者多半帶有疑情，念話頭者可能附著妄想。抱定一句話頭勠力參究，必有撥雲見日之效；專念一句話頭日復一日，也有靜心攝心之功。會用功者，當是參話頭不是念話頭。唯有參究能生起疑情，禪修者的經驗，有「大疑大悟，小疑小悟，不疑不悟」之說，所以最好不要將參話頭的工夫用成念話頭去。

（一九九二年十一月二十八日至十二月四日主七開示，李友琴居士整理）

東初禪寺第五十九期禪七

第一天開示

禪修的觀念與方法（晨坐）

修行有兩大要點：一是「觀念」，二是「方法」。若能清楚掌握，修行必能得力。故請依照師父的開示，糾正自己的觀念，練習自己的方法。

（一）首先解釋修行的觀念，有三要則：放下自己、放下目的、放下過去與未來。所謂自己，是指自我的身心；所謂目的，是指禪修的利益；所謂過去未來，是指回顧及推想。這三個項目是構成自我中心、自我價值的要素，也正是給自我帶來煩惱與束縛的禍根，若不能放下，便無以獲得禪修的最大成果開悟的經驗。至少學著暫時放下，才能夠體驗到若干禪修的利益。

（二）其次說明修行的方法，也有兩大要則：

第一是重心在下。身體的重心，當在腰部以下。如果以頭部為重心，會招致頭腦脹痛及發熱的障礙；如果以胸部為重心，會引起胸悶胃塞的反應；若將重量感置於臀部與坐墊之間，便沒有任何副作用產生了。

第二是身心放鬆。先練習把身體的肌肉及神經放鬆，然後將頭腦及心情放鬆。所謂身體放鬆，是把通身的每一個細胞都放輕鬆，由臉部、眼球、肩、臂、手、小腹、腿、腳，凡是能用意志指揮的每一寸神經所到之處，都讓它們放鬆。至於頭腦與心情放鬆，是指沒有焦慮、急躁、煩亂、困惑、恐慌、疑懼等，若能放下一切不安的心緒，專念於禪修的方法，自然就會輕鬆。先練肌肉放鬆，神經自然放鬆，頭腦與心情也會跟著放鬆。最重要的是小腹一定要放鬆，否則在打坐時，會發生胸悶、胃脹、頭暈、氣塞等的反應，因而無法持久用功。

修行要則（早齋）

修行要則有二：1.在觀念上是奉獻，2.在方法上是修正。觀念與方法應相互配合運用。

「奉獻」，是將自己的身心奉獻給修行生活。以奉獻的觀念來修行，就是不自私。若以自私的心態來修行，不僅會傷害他人，也為自己徒增許多煩惱。以自私的觀念來修行，無論如何追求，只能以煩惱做為結果。禪的修行，捨去自私自利，才能滌除煩惱。

「修正」，是用禪修方法，對身、口、意三種行為，做全面的規範匡正。平時當以五戒及八正道來修正身、口、意三種行為，在禪七期中，以打坐、經行、禮拜、作務等導正身業，以禁語、做課誦等修正口業，以數息、念佛、參話頭等修正意業。

此三業之中，意業最細，也最難修正，先用正知見，再用正念、正定、正精進，來做修正。日復一日，時時檢點，念念覺照，念頭起處，念頭滅處，正或不正，均當知道，若起時疏忽，滅後亦當警覺，剛才想的什麼？如此持之以恆，便能經常保持正念分明了。

守心之法很多，若在平常生活中，應當練習：身在哪兒心亦在哪兒，手在做什麼心亦知道在做什麼，口在說什麼心亦知道在說什麼。身、口、意三業不相離，正是禪修的要領。

團體共修

禪修的方式可分為個人及團體的兩種。

個人禪修的優點在於非常自由，可依照個人當時的身心情況和需要，而做適量地調整安排。缺點是對於不具自修能力和自制心力的人，容易失去規律的約束。

團體共修，也可有兩種：有老師指導，沒有老師指導。他們的共同點是均需有團體修行的規則。老師的作用有三：1.依據佛法的正知正見及其本人的禪修經驗，主動地給禪眾們做適當的個別指導及糾正；2.被動地接受個別的禪眾請求處理問題，並協助他們解決困難；3.對禪眾們集體開示禪修的觀念及方法。是為協助全體修行人，解決共同的問題。通常正在修行的時候，修行者可能察覺自己的問題，但多數是不自知的，故需透過老師的開示，來發現自己的問題而改正之。此乃禪七期間內，需要開示的目的。

由於每一次參加共修的人員不會相同，每一位禪修者的身心情況亦常不同，故開示的內容也不能相同，若每次禪七，老師所開示的內容相同，對修行者雖仍有幫助，但此種指導，類似錄影帶或書面文章，畢竟不夠靈活，無法給當時現場個別的問題，對症下藥。

第二天開示

身體的重心（晨坐）

禪修者於站立時，宜將雙手交疊，左掌在下，右掌在上，置於小腹丹田的位置，此能使心念集中、安定，並使身體的重心感，自然而然地隨著雙手的位置，落實於丹田。不僅在佛殿及禪堂，平時聽人講話或與人交談，均可如此；此能使你心不散亂，氣不浮動。

禪修者身體的重心，不可在頭上，當視情況而分置在腰部以下的三個部位。站立時，重心感宜在小腹，或在兩腳腳掌。打坐時，若覺得心氣浮動，宜把重心感置於臀部與墊子之間。若覺得頭脹與胸塞，則宜置重心感於雙腳腳掌的湧泉穴。

請注意：一定要放鬆重心感位置的肌肉。

禪修的「信心」（午齋）

對於禪修多年的人而言，不會有信心的問題，否則不會持續多年的習禪打坐。但對於剛接觸禪修或第一次參加禪七的人而言，對佛法、對自己、對師父，都可能缺乏深厚的信心。

禪修者必須相信所用的觀念及方法，是最實際、正確、人人能用，並且該用，而絕對有用的佛法，如果也確定指導你禪修的師父，在其本身的背景方面相當可信可靠，你就可以具備對於禪修的信心，根據師父所講的原則與方法，努力用功，可獲得禪修的利益了。

信心可有四個層次：1.迷信，乃是不知所以的盲目崇拜。2.仰信，知其可用有用卻又高不可及。3.解信，從理論邏輯上，能夠令你接受。4.證信，依據理論及方法，通過實際的練習，所得的經驗。

禪修，亦如訓練各種技藝，必須通過無數次的磨鍊，始能馬到功成。若能抱有「不怕失敗」及「勇往直前」的心理準備，自然就會建立起堅固的信心。

第三天開示

念念生滅（晨坐）

禪修者使用方法修行時，大略可分三個層次：1.是雜念很多，而竟不知有念頭起滅，此時尚沒有用心在方法上；2.是知道念頭起滅，此時已在用方法；3.是真的不見念頭生滅，此時的方法用得很好。

練習方法，當然是希望達到第三個層次，但其機率畢竟不多。若在妄念生起時，不必討厭它，只要立即回到方法上就好，所謂「念念生滅」，既然產生了，自然會消滅。對產生後又消滅了的妄念，亦毋須在乎。重新開始，才最重要。

所謂重新開始，是指每次從發覺妄念後又回到方法上；因為剛才的妄念已滅，現在的妄念未生，正是一個重新開始的機會。所以每一個「現在」，都是一個新開始。好像登山者正在通過峻險的懸崖峭壁，不得瞻前顧後，否則，便會於現在造成腳底失控的結果。一旦失腳落空，只要手上還握有已釘妥的繩索，馬上沿索再回到落腳之處，繼續向上攀登。步步為營，步步都是一個重新開始。

每一個念頭的起滅，就是一個進步的歷程；每一個新的開始，就是一段成功的過程。初用功時，念頭常會離開方法，漸漸地到了善用方法時，便會覺得念念生滅，卻未離方法，第一個念頭在方法上，第二、第三乃至一千個念頭仍在相同的方法上。如此持續不斷，便稱為「工夫綿密」。若到沒有念頭，只有方法，甚至連方法都沒有了，便是進入了「工夫融豁」的層次。

無常是新生（早齋）

「無常」是指世間現象，都在不斷地生生滅滅。若能懂得一切現象都是無常，便能對未來充滿信心，對世間充滿希望；對美好的抱持感謝，對不好的感到樂觀。因此，禪宗的雲門禪師要說「日日是好日」，沒有任何時間令人失望，也沒有任何努力永遠失敗，自然天天都是大好的日子了。

若能細心體驗，不僅日日是好日，而且念念都是好念頭，雖然並非念念清淨，甚至許多念頭都是不很好，只要知道，馬上回到方法，便是一個新的開始。是故，每當發現一個不好的念頭，立即會有一個新的開始，內心自然歡喜，在此身心輕鬆的狀態下，便會感到時間過得很快。此種觀念，亦可運用於日常生活，每遇到不好的情況，不會馬上引起煩惱，並對自己的未來抱有堅定的信心。相信自己的將來，一定會比現在好。

可見，若能善用「無常」的觀念，便能生活在念念新生、時時平安、精進不懈的喜悅中。

第四天開示

放下「自我」（晨坐）

所謂「自我」，可大可小，包括個人自私的小我，亦包括全體、整體、所謂真理及上帝的大我。以禪修者的立場，這些都應放下。然在理論上的了解比較容易，若要親自體驗相當地難，因此才需要用種種方法，試舉二項：

（一）呼吸觀：此法可使我們了解，自我的生活只存在於呼吸之間。自我的執著，則是存在於一個接一個念頭的連貫。當呼吸停止，生命就結束；當念頭消失，執著即無依。由數息之中體驗到，自我的存在，乃是一種妄境。

然而，當呼吸停止、生命結束之時，是否即等於無我的解脫境界現前？不，只要自我中心的執著還在，雖入四無色定，「自我」還會存在。

反之，若生命存在，而沒有執著，那就是無我，就是解脫。所以要藉這個生命來修行，藉著修行各種方法，來發現自己的生命是假的，才能體驗到「我」是不存在的。

（二）慚愧與懺悔：驕慢、自卑、猜忌、嫉妒、瞋恨、怨忿等，也都是自我。此種自我的習性，除了用各種禪觀的方法來化解，尚得用慚愧或懺悔等的方法來輔助。禪修者若不兼修慚愧及懺悔，易落於得少為足的自大，或久修不成的自卑，起慚愧心則會精進道業，修懺悔行則會勤苦獻身，以此二法，便能起修六波羅蜜，發為布施、持戒、禮拜、供養、持誦、習定等種種行。

用來放下自我的修行方法很多，正所謂八萬四千法門，門門通向涅槃大城。禪宗所用則以數息等觀行為基礎，慚愧與懺悔為輔助，發菩提心為動力，參究話頭及默照等法為金鑰。

供養（早齋）

臨齋時，念的〈供養偈〉：「供養佛，供養法，供養僧，供養一切眾生。」

可說是修行禪法的靈魂，亦可說是大乘佛法的心要。供養佛、法、僧三寶，是為感恩；供養眾生，是為報恩。平常供養三寶，亦同時為了廣度眾生。三寶接受供養之後，即可以此力量去幫助更多的人。這便是將自我的所有，轉變成為一切眾生共享的利益。然後再把自己所供養的功德迴向給三寶及眾生，所剩的便只有無我的智慧及平等的慈悲了。簡言之：我們先以物品供養，再將功德迴向，即是淡化自我，消融自我的靈藥良方。

諸位來此繳費打禪七，不是用來買師父的時間、租場地、購飯菜的，那是淨財，是供養三寶的捐款，是做的功德；我也藉著這樣的因緣，感恩報恩，以奉獻給諸位，來報三寶之恩。同時感謝你們的來到，為我提供了供養及奉獻的機會。

結齋時，念的四句偈是：「飯食已訖，當願眾生，所作皆辦，具諸佛法。」意為：當我吃完飯時，祝願一切眾生，也都修行供養，具足一切佛法，將來必定成佛。祈願眾生成佛，表示不為自我私利。所以，禪修者，著手修行之初，便要訓練自己：先從有求而昇為無求，再從無求而廣修供養。

第五天開示

時間不短（晨坐）

禪七已接近尾聲，這是第五天了。後天早上，就要圓滿，時間過得好快！不過對禪修者而言，時間是可長可短的。你若很會用功，雖僅一分鐘，甚至一個念頭，便能倒轉乾坤，天崩地碎，頃見萬里無雲，一塵不染，《楞嚴經》稱之為「狂心頓歇」（編案：《楞嚴經》未見此經文，可參見《楞嚴經文句》卷一）。禪宗稱之為「明心見性」。如果不會用功，汲汲營營，縱至驢年，也別想摸到鼻孔。

雜毒不入

《博山參禪警語》裡講的「雜毒入心」，可稱之為妄念干擾。對此可有三個層次：1.當在用方法時，便無雜毒入心，妄念被方法所驅，暫不現形。2.由參禪而悟境現前，雜毒中斷，妄念不起。3.大悟徹底，從此狂亂心歇，雜毒再也不會干擾此心。

方法是命根

禪修的方法，是禪修者的命根，離開方法，就有喪失生命的危險。所以古來的祖師們，教人要終身抱住一句本參話頭，庶可安全保命。應當想像自己是失落入海中的人，抓到一隻救生浮圈，哪裡還敢把它放掉。不過，當時間一久，倦怠心生，雖非故意，卻是無奈，此時禪修者必須奮起大毅力、大決心、大信心，重新抓回救命的方法，才能救你一命。

當你丟掉了方法時，要生大慚愧，痛徹懺悔，發大悲願，便能增強意志，驅除昏沉散亂，一心練習方法。

初發心（早齋）

最初發起「無上菩提心」，稱為「初發心」，又名「初發意」及「新發意」。也就是初聞正知正見的佛法，嚮往佛道的偉大崇高，故也發起成佛的大願，在心中初發菩提嫩苗，開始邁向成佛之道。雖僅是一個起點，確是成佛的動力所在。

晉譯《華嚴經》卷五九云：「菩提心者，則為一切諸佛種子，能生一切諸佛法故。」

《大智度論》卷四一云：「菩薩初發心，緣無上道，我當作佛，是名菩提心。」卷九三云：「為初發心者，說諸法有；為久學人著善法者，說諸法空無所有。」

《菩薩地持經》卷一〈發菩提心品〉，對於初發心的說明，甚為詳細：「菩薩初發心，是一切正願始。」「菩薩發心，而作是言：我當求無上菩提，安立一切眾生，令究竟無餘涅槃及如來大智。」「初發心菩薩名為度，大乘菩提諸菩薩數。」「發是心已，漸得阿耨多羅三藐三菩提，是故初發心是菩提根本，發是心已，見諸眾生受無量苦，而起悲心，欲度脫之，是故初發心是大悲所依。」「初發心堅固，有二門善法所入：一者自利方便，發菩提心；二者他利方便，滅除眾苦。」

諸位善知識，來此參加禪七，當知禪堂所在，名為「選佛場」，一進禪堂，即被入選，預諸佛位，不僅明心見性，必當頓悟成佛。可是，若不先發菩提心，便無成佛之望，如無因而有果，乃不可能事。

禪宗的修證，目的即在悟入諸佛智海，開展廣大慈悲，是故諸善知識，必須發起菩提心來。最初發心，最珍最貴。持之以恆，必定成佛。故當發現自己有懈怠、放逸、退惰、貪瞋等煩惱起時，於身於口，現惡行時，立即回到初發心點，重新做起。

時時不忘初發心，念念住於初發心，處處保護初發心，便能不離修道依準，並能日進又進，永不退心。有一位禪者，每次來參加禪七，圓滿時，都會說：「我又重新開始了」、「這一次總算真的開始了」、「從現在起我走上菩提道的起點了」。粗聽起來，此人似乎老是在原地踏步。事實上，這就是初發心菩薩應有的體驗，經常發覺自己是在新發意階段，便是正在進步中的凡夫呀！不離本參而日新又新。

馬上風光．霧團及疑團（午齋）

有人問我：數息數到不知道自己是不是在呼吸，數目也沒有了，突然發覺又有呼吸時，已過了十數分鐘乃至數十分鐘，這是不是入定？是否還是正在方法上？或已離開了方法？又有人參話頭，用了全部身心，甚至用了全宇宙，投入話頭之中，結果覺得好像處身於霧團裡面，這能算是疑團嗎？

這兩種情形，均可能是好的，亦可能有問題。

（一）以數息而言：呼吸很慢，甚至念頭已經非常單純之時，很清楚已沒有念頭，當然已無法找出數目來數。此種情形，是你正在方法上，正如你騎在一匹馬上奔馳，如果你騎術熟練，又是騎的一匹好馬，便會使你渾然忘我，人馬合一，你忘了馬，馬也忘了你，這當然是好情況。我曾提過，修行方法之要點在於「觀、照、提」。此時，「照」的力量非常強，你已不需「觀」及「提」，因其三者，已在同時進行了。

但也可能是懶散、偷安或者氧氣不足，也可能是體力不濟，以致數息時，數著、數著就後繼無力了。此時頭腦內並沒有感覺到妄念，呼吸也很微弱，無法計數，頭腦則似一片茫然的灰白，或如處於濃霧之中，這不是入定，而是昏暗；雖未深眠，卻在淺睡，當然不是在用功。

不過，不必管它是好是壞，發覺之時，立即回到你用的方法上，此時，你又可以數息了。當你從懶散昏暗的情況醒來後，應趕快輕輕地活動幾下你的眼睛、頭頸、雙肩，甚至再做三次深呼吸，就可以抖擻精神，重新數息了。

（二）就參話頭的問題來說：霧團和疑團有別，霧團，是茫然不知所以、不知所在，也不知所做的對或不對，只覺得有東西蒙蔽住了自己的心眼，不知何去何從。至於疑團，不是懷疑，而是很清楚地知道自己在問一個極嚴肅、極重大的問題，希望得到答案，卻又像是碰到了銀山鐵壁，無人回應，無下手處，但你確信，答案就在所參究的話頭之中，此時你的全部身心，乃至全宇宙都已被你投入你所參究的話頭之中，已無身心世界的內外主客之分，這就稱為疑團。疑團粉碎，便是悟境現前；疑團消失，乃是工夫不繼。這種情況，適合精進禪修的時段使用，常人的生活環境，則不宜也。

若是另一種狀況，參話頭時，感覺到自己的頭腦或心，如同一隻蒼蠅被漿糊糊住了頭，像是蒼蠅落入漿糊缸裡，牠的雙眼都被漿糊矇住了，而不知道自己在做什麼？只是感到一片糊塗，此時，並不在用功，而是昏沉與幻覺混合在一起，變成一團霧。當你覺察之時，趕快按摩頸部以及兩眼肌肉，做柔軟的運動，睜大了眼睛看個清楚，又可以把方法提起來了。

第六天開示

最精彩的一天（晨坐）

禪七到明天上午就要結束，所以今天在禪七中是最精彩、最紮實、最有味道的一天。因為經過前面數天的努力，你們對禪修的觀念與方法均已清楚，身心亦已能夠適應。

在禪七中，如已發現自己有昏沉、散亂、妄想、執著、自私、愚蠢等問題，這便是已知慚愧，這便是修行的成果。因你已比不能自覺的人好得多了，至少你已變得更誠實，而且已有能力面對自己了。

時間只剩一天，必須非常地珍惜。若能好好用功，每一秒鐘貴於黃金鑽石，否則，瞬息即過，縱有百年，尤賤於糞土。

我在禪七期間的開示，聽得多少算多少，能用多少算多少。總結來說，大約有如下數點：放鬆身心、認定方法、不計成敗；以過程為目標，以放下為收穫；用慚愧的鏡子，反照自己，以懺悔的淨水，洗滌自己；以菩提心的力量關懷眾生，以精進心的力量成就自己；為了自求成佛，必先利益眾生。故要悲智雙運，才是禪者的本色。

認識自己（早齋）

一次禪七的結束，又是另一個新的開始。

在打禪七的修行過程中，如倒吃甘蔗，愈來愈熟悉、愈來愈順利。七天之後，告一段落，若再有七天，最好也要休息一下。若是長期修行，如三個月、半年、一年、三年，則毋須每七天休息一下，對於無法長期修行的人，七天一期，最為恰當。

禪七的修行，雖能使人開悟，但也未必能使幾人開悟，卻對人人都很有用。是在修正我們身、口、意的三種行為。發現缺失、改善缺失，從外在形象及儀表的修正，到內在性格和心態的陶冶，幫助我們了解自己、轉變自己，便是禪七的有用之處。在最後一天當中，縱然還是用不上禪定工夫，多檢查、多覺察、多肯定一點自己的身心行為，也是非常有用。

鍊心（午齋）

「說法不在於嘴，禪修不在於腿。」這是佛教的叢林寺院中，人人都知的道理。然在前來參加禪七的人，如果不能盤腿，倒也相當麻煩。

禪七將過六天，諸位善知識的雙腿，大概已能適應坐禪的姿勢了。其實，禪修的目的，鍊心重於練腿。

因在生活中的情況，是以心為主宰，內心混亂，也會影響到環境混亂；內心不安寧，則感受到被環境干擾。相反地，便如《維摩經》說，自心清淨，則眾生清淨、國土清淨。平常人只希望如自己所希望的那樣去改善環境，由於每一個人所期待的環境均不相同，所以無論環境如何改善，還是無法滿足每一個人的心。因此，改善環境固有必要，改善每一個人的自心則更需要。先將煩惱的妄想改善成為與佛心相應的智慧與慈悲，轉而影響環境，才是標本兼治的好辦法。

同樣的事，發生在兩個人身上，其反應就可能截然不同：第一個人可能會暴跳如雷、大發脾氣、無法忍受；第二個人則可能見怪不怪，覺得平常無事。修行禪法的人，應該要學第二個人，雖然很清楚發生了什麼事，知道如何處理就好，不必心隨境轉，不用氣浮意動；面對事實，能做的盡量把它做好，做不好的以後再說，何必煩惱。禪修的好處，當在日常生活之中得力，祝福諸善知識，萬事如意，身心平安。

（一九九二年十二月二十六日至十二月三十一日主七開示，劉德如居士整理）

附錄

禪修疑難解

一

問：古德云：「有時且念十方佛，無事閒觀一片心。」有時心中一片空靈，連一句佛號的念頭也提不起來，是否即保任空靈狀態？這裡指念十方佛，是否有取代雜念的意思？

答：我不清楚居士所引古德句的出處，不敢臆斷。至於用功到達空靈狀態，尚能念佛名號，乃是不可能的事。應否守住空靈狀態，當有兩說：一者繫心不動，任其繼續沉澱澄清，以致於不見一物，虛空沉寂，自亦不覺處於空靈狀態，是為正途；否則，若滯於空靈——例如「光音澄湛，空曠無涯」的覺受之中，尚未真入深定，僅勝於輕安境界。

第二種方法，即是用參話頭的工夫，打破空靈狀態。若由念佛名號而至空靈狀態，當下提起「念佛是誰？」的話頭，以此時心念專注，易發疑情，促成疑團，是為禪法的活路；否則，耽滯於空靈，而誤以為保任，那就浪費時間，誤了前程。

念佛法門，在四祖道信，即曾引用《文殊說般若經》的專念一佛名號的一行三昧，非關淨土，目的乃在由定發慧。散心時念佛名號，實乃無上妙法，念至無佛可念，可能出現空靈，亦未必出現空靈。

二

問：小乘的四念處、大乘的禪及密教的大手印，皆論及觀心法門，不知有何不同？得以截長補短、相輔相成否？

答：四念處是三十七菩提分法的一科，雖云小乘觀法，然於《大智度論》卷一九也有介紹，是觀身、受、心、法的不淨、苦、無常、無我，而破凡夫的我執我見，乃是通用於大小乘的基礎佛法。所以近世日本禪宗的龍澤寺派，教授初學禪眾時也用數息法，我本人亦常以數息法教人，偶爾教人不淨觀，此乃四念處觀的流類或基礎，觀行攝心，散心已攝，則繼之以大乘禪法。

禪法可分作兩類：一是六祖惠能及早期禪宗祖師們所揭示的「直指」，不用任何觀法，頓斷煩惱，頓悟自性，那便是不立文字，教外別傳，無可依附，不假修行，自然天成的。類似的利根機人，究竟不太普遍，故有第二類的參話頭、參公案。話頭與公案，是用來堵塞偷心和妄情的，有人終身抱定一句話頭，參問下去，猶如念佛法門之抱定一句佛號，一直念下去，此即適合於一切根機的觀行法。

再說大手印，是某派密教的觀法，它跟「頓悟」、「直指」的禪法不同，大約類似前舉，由空靈狀態，而進入虛空沉寂的境地，禪門曹洞宗的默照禪，可能與此相近。

居士所說「截長補短、相輔相成」，粗見則不然。修行貴在一門深入，所舉諸法門，固有其共通處，然皆有其特勝處。修行過程中，最好順從師教，抱持一門，勿作調人，否則可能會成為顧此失彼而兩頭落空。《楞嚴經》列舉二十五位大菩薩，個個專精一門，最後始臻門門圓通，不是初學之時，即能嘗試相輔相成的。

三

問：四年前某天早上上班，突然身心內外一片空，實則連空的感覺也沒有。從停車庫到辦公室的電梯口，原來要走五分鐘，似乎一秒鐘就到了。雖然五官功能照常，但絲毫不覺知。到電梯口才「醒」過來，其實，在那失去知覺時才正是醒，這到底是何現象？

答：這種經驗，通常發生在努力修行某一方法或沉潛於某一觀念的思考之後，其他宗教徒的身上也可能發生。當此種經驗發生以後，會有身心舒暢、如釋重負的感覺，觀察任何事物，均較平常清楚明朗，但卻不宜也無法立即做需要思考、計畫的工作。此乃處於一度專心的狀態之後，突然失去了心所依託的觀象，程度淺的，會感到恐慌，程度深的，便有如置身心、世界及環境於另一度空間之外的感受，仁者得此經驗，實是可嘉。

四

問：大約四年前開始，偶爾感到有氣脹脹地從左腳心，經背脊，到達眉心，後來則經常發生，偶爾頭頂中央，亦會感到脹脹地。上午七、八點左右，中午十二點至一點左右，下午五、六點左右，感受較強，工作勞累或疲倦時，感受也強，不知是何現象？

答：左腳心是肺、胃、左腎、心、十二指腸、胰、脾等內臟的反射區，跟脊椎都有關聯。從睪丸與肛門之間的會陰向後，經背脊、頭頂的百會，至人中，是督脈；從會陰經腹部、胸部，至下巴，是任脈。道家練氣行脈，要將任督二脈前後打通，稱為小周天。仁者尚未打通二脈，故氣動時，有脹脹現象。隨著各人體質及勞逸等健康狀況的不同，故有時段現象的症狀。此在禪宗，一向採取不予理會的方式，否則，便成吐納導引的道術而非禪法了。其治療方法有三：1.不予理會，2.將注意力集中於腳心，3.用參話頭來轉移注意。

五

問：大約也在四年前開始，在靜坐時偶有舉陽現象及性交快感，導致性欲衝動，出精外漏數次，事後身心均感不適，最近則極少有此現象。如何才能突破男女關？將來結婚後，為了修行，是否以「有名無實」較妥當？

答：依據生理現象，性衝動或性反應的原因，大別有二：1.是新陳代謝正常，精力充沛，血氣旺盛，自然發生性的衝動以及尋求性的發洩，乃至所謂精滿自溢，偶有夢遺現象，亦無損健康。2.是身體虛弱，腎水不足，肝火旺盛，脈動精搖，心氣浮躁，亦會產生亢陽的性衝動而夢遺、滑精；雖也有舉陽現象，唯其舉而無力，精液外洩，勢將愈漏愈衰，必須治療。

靜坐的初步功能，在於調理生理機能，使弱者強而衰者健。當一個人的氣脈運行比較通暢時，內分泌腺自然活潑，當氣行至生殖系統而不及時向任督二脈乃至全身疏散，稍久即會引起性欲亢奮的現象，舉陽、快感，逼著要求射精。此時如果放棄靜坐而去求助於太太，或以手淫，使精液外漏，都是最傷元氣的事。

習定之人，必須寶愛精氣，故在靜坐放腿之後，亦不得立即如廁，最好先做柔軟運動，使精氣疏至全身；否則，精氣隨著便溺外洩，對健康無益。

如果坐中性欲衝動，宜起坐禮拜、經行，若以冷水毛巾敷小腹，最為快速，唯體弱者不宜用。如果氣脈已經暢通無滯，便不會由於氣聚生殖系統而致引發性慾衝動的現象了。如能專精於方法，不顧生理反應，氣脈極易通暢，而得輕安境界。別說獲致定樂，即使輕安之樂，亦較性交快感，快樂十倍；故在定功得力之人，不易貪愛男女色，亦不易有性衝動。

定境至初禪以上，稱為色界，已無欲念，更無欲事。不過，凡有身在，如果不在定中，縱然已無欲念欲事，縱然已經心得解脫，仍可能有舉陽洩漏的性徵，此在部派佛教的初期，即有為了羅漢應不應該尚有夜眠遺精的問題而起過諍論。

至於如何突破男女關？對於出家人，尚不容易做到，何況在家居士。出家人以戒防身，以定制心，故較在家為易。在家之身，能不邪淫即好，夫婦仍以正常隨俗為宜。今日社會的居士生活，也不允許有離群獨居，專精於禪修的可能；若能保持五戒清淨，並且訂有禪修靜坐及讀經、禮誦的日課，以健康的身心，對家庭、社會、眾生，盡其所能，即是菩薩道的行者。

六

問：實施觀心法門後，雜念妄想不多，比較常能保持空念或無念狀態。唯古德有云：「起心動念是天魔，不起心動念是陰魔，道起不起時是煩惱魔。」有念與無念，似乎相違，究竟如何才好？大概只要不執著即可。又何謂天魔、陰魔、煩惱魔？

答：居士的保持空念、無念，並非邊有遣空的中道之空，是沉空滯寂的頑空，甚至可能尚在無所事事的無事殼中，所以不能徹見空性的法身而悟入佛之知見。

禪者用功，必須從念念一摑一掌血的切實感，而至念念不留痕跡的自在解脫，方為真工夫、真見地。有念有著是凡夫，無念無著是死屍，無念有著是定境，有念無著是自在境。著有念固不對，住空念也不對。永嘉玄覺主張：「惺惺寂寂是，無記寂寂非，寂寂惺惺是，亂想惺惺非。」惺惺是不空，寂寂是無妄想。雖無妄想而仍清清楚楚，故非住於空念或無念。

居士所引古德句，我也不知出處。魔的分類有多種，如三魔、四魔、十魔。通常多稱四魔：1.貪等煩惱，名煩惱魔，2.色、受、想、行、識的五陰，稱為陰魔，3.死亡稱為死魔，4.欲界第六天的天子，稱為天魔。居士所引句，大概是說，天魔未入定，故起心動念；陰魔不修定，也不知起心動念為何事；煩惱魔則是由於分別起念和不起念而產生的。總之，乃在說明，不論起心動念或不起心動念，都不是禪修工夫，正如居士所言：「只要不執著即可。」

我們必須明瞭，中國的禪修者，不主張修傳統的次第禪觀，也不主張入次第禪定，而在於當下直指，雖不能直指，亦當不以「住空守無」為修行。

七

問：經由觀心，了解念頭是因緣而生，是假非實；但雖知假，仍被念頭所迷失，受其左右而不自覺，以致無法攝心歸空，並進而造業受苦，是何道理？

答：觀想法，只是工具，用佛說的觀想法，理解佛說的因緣法，從理論上已能接受。此是由教育的功能所得的認知，不是由自己內心深處發現的親證實悟。由教育所得的認知，當然也有用處，只是遇到心相活動的微細處、粗重煩惱的相應處，往往無法自主，也無能自覺，故稱為障——業障、報障、煩惱障。要想做到念念分明、時時操之在我、剎那剎那都能做自己的主人，必須付出禪修工夫的時間和努力。縱然見性之後，仍得隨時修持，始能稱為保任。居士有公務在身，有家庭的責任，只要經常保持細水長流，必定也能日有進境，水到渠成的。

八

問：我已很能接受「無我」、「無常」及「一切唯心，萬心唯識」的觀點，但總覺得在內心深處，仍有一個模模糊糊、似有似無的「我」在，不論日常生活中的起心動念，或在修行之時，都有這個「我」在做主，究竟何故？如何才能真正「無我」？

答：由理解佛法而認知「無我」，並不等於親證「無我」。我有一篇短文，題為〈從小我到無我〉（編案：收在本書中），說明小我也是有用，若無小我，即無能夠主宰生活方向的人，亦無能夠發心修行的人。由修行而從各個分別的小我，可進而成為全體統一的大我，再從大我的徹底粉碎，即是到了大地落沉，虛空也無的境地，才是無我。此一無我，是無小我，也無大我，即是《金剛經》、《圓覺經》等所說的「無我相、無人相、無眾生相、無壽者相」。《金剛經》又說：「無法相，亦無非法相」，「若取法相，即著我、人、眾生、壽者，何以故？若取非法相，即著我、人、眾生、壽者」，「是故不應取法，不應取非法」。

執著有我，是我；執著無我，也是我。唯有用禪修的方法，如參話頭，才能將妄情逼盡，使真正「無我」顯現，屆時便與三世諸佛同一鼻孔呼吸，也與一切眾生同樣地吃飯睡覺、屙屎撒尿。居士的情況，是因為尚在信解起行的階段，未能實證，感覺有我，乃是正常的。

九

問：通常將起貪瞋之時，反觀此心，便能不起，可知觀心法門，亦頗殊勝。唯其遇到煩惱太強之時，雖然用心觀照，也無法消除，此時輔以念佛法門，將注意力移至佛號，或許有用。如果觀心與念佛，都無法消除強烈的煩惱之時，則應如何對治？

答：居士所用的「觀心法門」，不知何處學得？從信中所見，雖有點像默照禪，大體上仍是靜坐的層次，不同於次第禪觀的修法，也不同於正宗禪修方法，所以僅能在風浪微小之時有用，尚無反制煩惱的功能，更無消滅煩惱的功能。

的確，高聲唱佛號，最能轉移煩惱，即使默念佛號，也較靜坐有效。但是驅除強烈煩惱的方法，莫過五體投地的大禮拜，將心專注於禮拜時的每一個動作，久久即能遣除強烈煩惱於不知不覺中了。至於久修禪法的人，自不應有太強的煩惱生起，用一句話頭來對治，便已足夠了。

結論

讀到居士來信，已五個月，由於事忙體弱，未能及時執筆作覆。居士認真禪修又能虛心發問，且係親身體驗的疑難，可見用心殷切，殊覺可貴。唯其禪修心境，因人而異，要求的標準，亦言人人殊，我只是從禪籍以及經教所見，加上自己的淺薄體驗所得，做了如上的答覆，以供參考。

（一九八七年六月四日寫於美國紐約禪中心）

編案：本文係一位熱心於禪修的居士，四、五年中，發生的若干疑難，彙為九題，來信請教聖嚴法師，法師以可能還有其他人也曾發生過類似的問題，故用書面公開答覆，以饗有心於禪修的讀者。

國家圖書館出版品預行編目資料

禪的體驗．禪的開示 / 聖嚴法師著．-- 四版．--
臺北市：法鼓文化, 2016.09
面；　公分
ISBN 978-957-598-724-4(平裝)

1. 禪宗 2. 佛教修持

226.65　　105014234

禪修指引 3

禪的體驗．禪的開示

Discourse on Experience in Chan

著者　聖嚴法師
出版　法鼓文化
總審訂　釋果毅
總監　釋果賢
總編輯　陳重光
編輯　林文理、李書儀
封面設計　黃聖文
美術編輯　Rooney Lee
地址　臺北市北投區公館路一八六號五樓
電話　02-28934646
傳真　02-28960731
網址　http://www.ddc.com.tw
E-mail　market@ddc.com.tw
讀者服務專線　(02)2896-1600
原東初出版社　一九九四年修訂初版至一九九六年修訂版四刷
四版三刷　二〇二四年七月
建議售價　新臺幣三二〇元
郵撥帳號　50013371
戶名　財團法人法鼓山文教基金會—法鼓文化
北美經銷處　紐約東初禪寺
Chan Meditation Center (New York, USA)
Tel: (718) 592-6593　E-mail: chancenter@gmail.com

法鼓文化